KB138357

원자력이 아니면 촛불을 켜야 할까?

1960년대에 만들어진 핵폐기물은 50만 년 동안 해로운 방사선을 방출할 것이다.
지금 만들어지는 폐기물의 경우는 거기에 30년을 더하면 된다.

필립 겔뤽, 《고양이의 미래》 중에서

청소년 지식수다 1

원자력이
아니면
촛불을 켜야 할까?

장바티스트 드 파나피외 지음 | 배형은 옮김 | 곽영직 감수

여기 방사능을 뿜는
이상한 버섯은 뭐지?

내인생의책

사람이 살아가기 위해서는 에너지가 필요하다. 사람이 살아가는 모습도 사용하는 에너지에 따라 크게 달라진다. 오랫동안 인류는 태양 에너지를 직접 이용하거나 나무나 풀 같은 식물에 저장된 에너지를 이용해 생활했다. 19세기부터 석탄과 석유 같은 화석 에너지를 사용하면서 인류의 생활은 크게 달라졌다. 석탄과 석유는 오래전에 지구에 살던 식물이나 동물이 태양 에너지를 모아 저장한 에너지다. 그러나 지구의 화석 에너지 매장량은 한정되어 있고, 20세기 중엽부터는 머지않아 화석 에너지가 고갈될 것이라는 예측이 계속 나오고 있다. 따라서 인류가 현재의 문명을 유지하기 위해서는 새로운 에너지원을 개발해야 한다.

우라늄 같은 불안정한 동위 원소가 분열할 때 나오는 에너지인 핵분열 에너지는 화석 에너지를 대체할 수 있는 새로운 에너지원으로 각광을 받기도 했다. 그러나 체르노빌 원전 사고와 해일로 인한 후쿠시마 원전 사고로 인해 핵분열 에너지 사용에 대한 불안감이 높아지고 있다. 이로 인해 일부 국가는 원자력 발전소 건설을 중단했다. 이제 원자력 산업은 우리의 안전과 국가의 장래를 위한 최선의 선택이 무엇인지를 놓고 모든 사람의 지혜를 모아 최선의 선택을 해야 하는 문제가 되었다.

과학적 근거가 없는 지나친 불안감이나 터무니없는 안전 불감증은 우리에게 도움이 되지 않는다. 서로 자신의 주장만 고집할 것이 아니라 객관적 사실을 바탕으로 원자력 에너지, 즉 핵에너지 문제에 대한 이성적인 결정을 해야 한다. 최선의 선택을 하기 위해서는 원자핵 에너지를 제대로 이해해야 한다. 원자핵 에너지와 관련된 과학 내용이 조금은 복잡해 이해하는 것이 어려울 수도 있지만 원자핵 에너지에 대한 올바른 이해 없이는 우리의 장래를 위한 최선의 선택을 할 수 없다.

이 책은 원자핵 에너지와 관련된 많은 내용을 이해하는 데 좋은 출발점이 될 수 있는 책이다. 원자핵 에너지와 관련된 전반적인 내용이 핵심 위주로 잘 정리되어 있어 지루하다는 느낌 없이 읽어 나갈 수 있다. 내용 중심으로 기술하지 않고 ABC 순서로 구성되어 있어 흥미 있는 주제를 찾아 읽기에 편리하다. 이 책이 에너지, 원자핵 에너지, 신재생 에너지 그리고 미래 에너지와 관련하여 앞으로 전개될 사회적 토론과 의사 결정에 도움이 되었으면 좋겠다.

곽영직 수원대학교 물리학과 교수

지식을 알려주는 책은 객관적이어야 한다. 특히 독자가 청소년일 때는 더욱 그렇다. 공룡이나 해양 생물에 대해서는 객관적인 태도를 유지하기가 어렵지 않다. 하지만 생물 다양성이나 원자력 같은 주제에 대해 이야기할 때는 중립을 지키기 어렵다. 우리의 일상생활에 영향을 미치고, 전 사회에 걸쳐 정치적 토론의 주제가 되는 문제이기 때문이다.

물론 원자나 핵분열의 개념에 대해 엄밀히 과학적인 측면에서만 설명할 수도 있다. 하지만 원자력 발전소가 어떻게 작동하는지, 원자력 산업이 어떻게 조직되어 있는지 이야기할 때는 단순한 설명에 그칠 수 없다. 원자력 산업의 이면에는 경제적, 정치적 이해관계가 얽혀 있기 때문이다. 핵실험이나 원자력 개발 비용 같은 문제는 세계 곳곳에서 격렬한 토론을 불러일으키는 주제다.

2011년 일어난 후쿠시마 원전 사고는 우리 사회에 원자력 산업의 위험을 일깨웠다. 원자 폭탄의 발명과 함께 생겨난 핵에 대한 공포는 국제 관계의 긴장이 고조되거나 완화됨에 따라 커지고 줄어들기를 반복했다. 한편 일본, 미국, 유럽에서는 원자력 산업을 선전하는 사람들과 비핵에너지로의 전환을 주장하는 환경주의자들이 논쟁하고 있다. 또한 핵무기의 전쟁 억제력을 지지하는 사람들과 핵무기가 완전히 사라지기를 바라는 평화주의자들이 치열하게 대립하고 있다.

원자력 산업과 핵무기에 관련한 논쟁을 이해하기 위해서는 양측이 어떤 지점에서 대립하고 있는지, 각자의 주장과 반론이 무엇인지 살펴보아야 한다. 하지만 모든 의견을 소개한다고 해서 그 책이 반드시 객관적이라고는 할 수 없다. 결국 저자는 자신의 가치관에 입각하여 책의 내용을 전개하기 때문이다. 따라서 주의 깊은 독자는 이 책을 읽다 보면 내가 원자력 산업 지지자의 눈으로 원자력의 실상을 설명하는 건 아니라는 사실을 눈치챌 것이다!

차례

차례

알파, 베타, 감마

알파, 베타, 감마는 그리스어 알파벳의 첫 세 문자다. 물리학에서는 방사선의 이름으로 쓰인다. 하지만 알파, 베타, 감마를 안다고 해서 핵에 대한 기본 지식을 갖추었다고 할 수는 없다. 방사선을 좀 더 쉽게 이해하기 위해 '원자'와 '원자핵'이라는 단어를 살펴보자.

입자 갱단

Alpha,
Beta,
Gamma

원자란 물질을 구성하는 최소 입자다. 옛날에 과학자들은 물건을 계속 반으로 쪼개다 보면 더는 나눠지지 않는 아주 작은 알갱이가 된다고 생각했다. 그리고 그 알갱이에 원자라는 이름을 붙였다. 하지만 시간이 흘러 원자는 원자핵과 전자로 구성되고, 원자핵은 양성자와 중성자로 쪼개질 수 있다는 사실이 밝혀졌다.

핵분열로 생겨난 원자핵은 양성자와 중성자의 비율에 따라 안정하기도 하고 불안정하기도 하다. 원소는 안정적인 상태를 유지하려는 경향이 있기 때문에 불안정한 원자핵은 스스로 붕괴하여 안정한 원자핵으로 변환한다. 이때 방출되는 입자와 빛을 '방사선'이라고 한다.

물론 모든 붕괴하는 원자핵에서 방사선이 나오는 것은 아니다. 라듐이나 우라늄 같이 방사선을 내뿜을 수 있는 능력, 즉 '방사능'을 가진 '방사성 물질'에서만 방사선이 나온다.

방사선의 종류에는 알파선, 베타선, 감마선 등이 있다. 알파선은 불안정한 원자핵이 붕괴될 때 나오는 헬륨 원자핵이다. 헬륨 원자핵은 양성자 2개와 중성자 2개로 이루어져 있고, 흔히 알파 입자라고 부른다. 알파선은 엄청난 에너지를 가지고 있어 몸에 무척 해롭지만 무거워서 이동 거리가 짧아 공기나 종이 한 장으로 간단하게 차단할 수 있다.

한편 베타선은 불안정한 원자핵이 붕괴될 때 방출되는 전자를 가리킨다. 예를 들어 코발트60이라는 원소는 원자핵이 분열할 때 중성자가 양성자로 변하면서 전자를 방출한다. 알파선과 다르게 베타선을 차단하려면 몇 미터 두께의 공기층이나 알루미늄 판이 필요하다.

감마선은 알파선이나 베타선과는 조금 다른 방사선으로, 알파선이나 베타선을 방출한 방사성 물질이 붕괴한 뒤 안정된 상태가 될 때 방출된다. 쉽게 말하자면 빛인데, 전자기성을 띠며 알파선이나 베타선보다 에너지가 더 크다. 감마선 덕분에 원자핵은 더욱 안정적인 상태를 찾을 수 있다. 감마선에서 몸을 보호하려면 콘크리트나 납으로 된 가리개가 필요하다.

알파, 베타, 감마라는 이름만 가지고는 방사선의 위험성을 전혀 알 수 없다. 방사선이 생물에 미치는 영향은 방사선의 성질에도 달려 있지만 에너지의 양이 어느 정도인지, 어떤 방식으로 노출되었는지와도 관계가 있다. 예를 들어 알파 입자는 입자를 방출하는 근원지에서 떨어지기만 하면 크게 위험하지 않다. 하지만 입자를 들이마시거나 삼키면 대단히 큰 해를 입는다. 또한 강도에 따라 방사성 물질 중독이나 암에 걸릴 수 있다.

이게 다 무슨 소리냐고? 앞에서 한 설명이 뜬금없는 이야기처럼 들렸겠지만 사실 원자력 발전 산업을 이해하려면 원자 이야기가 빠질 수 없다. 원자력 발전소에서는 방사성 물질인 우라늄의 핵분열을 이용하여 전기를 생산한다. 더 정확히 말하자면 핵분열을 할 때 방출되는 열로 물을 끓이고, 그때 나오는 수증기로 터빈을 돌려 전기를 생산한다. 따라서 원자력 발전소에는 늘 방사선이 있다.

원자력의 대안

우리는 체르노빌과 후쿠시마에서 원자력 발전의 위험성을 직접 보았다. 하지만 '원자력이 아니면 촛불을 선택하라.'는 대안이 될 수 없다. 전 세계에서 약 450개 원자력 발전소가 상당한 양의 전기를 공급하고 있기 때문이다. 따라서 원자력 없이 살기로 선택했을 때는 무엇으로 원자력을 대체할지 상상해 보아야 한다. 실제로 독일과 벨기에, 스위스는 원자력을 사용하지 않기로 결정했다.

Alternative

원자력의 대안은 무엇일까? 첫 번째 대안은 원자력 발전소를 '전통적인' 발전소, 즉 석탄, 석유, 천연가스를 연료로 쓰는 발전소로 바꾸는 것이다. 하지만 불에 타는 연료를 사용하면 이산화탄소가 많이 발생해 온실 효과가 증가하고 지구 온난화가 심해진다. 환경오염은 말할 필요도 없다.

다른 방안도 있다. 에너지를 절약하는 방법이다. 이는 원자력 발전의 근본적인 대안으로, 에너지를 절약하는 방법은 수도 없이 많다. 오래된 건물의 단열 성능을 높이거나 최고 속도를 줄인 자동차를 만들고, 꼭 필요하지 않은 장소에서는 냉방을 약하게 트는 것 등이다.

화석 연료를 친환경적인 방식으로 사용하는 대안도 있다. 최근 이산화탄소 배출량은 줄이면서 에너지의 양은 동일하게 생산하는 화력 발전 기술이 개발되었다. 이 기술을 사용하면 화석 연료 사용에 따른 환경오염을 줄일 수 있다.

하지만 무엇보다 재생 가능한 에너지를 개발하는 것이 가장 중요하다. 재생 가능 에너지에는 여러 가지가 있다. 수력 발전처럼 오래전부터 사용된 에너지나 바이오매스 에너지처럼 앞으로 개발 가능성이 무궁무진한 에너지도 있다. 바이오매스 에너지는 농업 폐기물, 잡초를 사용하거나 중유를 생산하는 미세 해양 조류를 배양해서 얻을 수 있다. 풍력 에너지나 태양 에너지는 아직 상용화되기에는 무리지만 파력 발전이나 조력 발전처럼 연구가 꾸준히 진행 중인 에너지원도 있다.

인류에게 필요한 에너지를 전부 감당하려면 여러 발전 방법을 골고루 이용해야 한다. 거대한 발전소 하나로 에너지를 생산하는 대신 재생 가능한 에너지를 생산하는 작은 발전소를 필요한 곳마다 여러 개 세워 에너지를 공급하면 어떨까? 물론 이러한 방식은

원자력 발전보다 초기 건설 비용이 많이 든다. 하지만 유지 비용과 철거 비용은 원자력 발전에 비해 무척 적다. 반면 원자력 발전은 초기 비용은 적지만 폐기물 처리나 발전소 철거 문제 때문에 유지하는 데 많은 비용이 든다. 물론 근본적인 대안은 에너지를 낭비하지 않는 것이다!

●연관 키워드

알파. 베타. 감마 | 원자력의 대안 | 원자 | 베크렐 | 생물 축적 | 체르노빌 | 구름 | 오염 | 냉각수 | 크레용 | 마리 퀴리 | 철거 | 분열 | 도시미터(선량계) | 원자력 사고 등급 | 전기 | 농축 | 3세대 원자로 | 피폭 | 핵분열 | 후쿠시마 | 융해 | 가이거 계수기 | 4세대 원자로 | **온실 효과** | H가 필요한 사람들 | 히로시마 | 요오드 | kWh(킬로와트시) | 라 아그 재처리 공장 | 의학 요법 | 버섯 | 자연 방사능 | 원자력 발전소 | 핵 | 오펜하이머 | **원자력에 반대하는 사람들** | 플루토늄 | 환경오염 | 확산 | 방사선 방호 | 원자로 건물 | 시버트 | 소량 피폭 | 보관 | 공포의 균형 | 토카막 | 우라늄 | 유리화 | 폐기물 | 핵겨울 | 위험 제로

4

원자

1그램짜리 못 하나는 철 원자 11해(11×10^{21}) 개로 이루어져 있다. 원자는 아주 작지만 원자보다 더 작은 입자도 있다! 바로 핵과 전자다.

Atom

원자는 영어로 'Atom'이라고 하는데, 어원은 고대 그리스어 'atomos'로 '나뉠 수 없는'이라는 뜻이다. 그러나 어원이 뜻하는 바와 달리 원자는 입자 여러 개로 이루어져 있다. 원자에는 핵이 있고, 전자 한 개 이상이 핵 주변을 돌고 있다. 핵은 양전하를 지닌 양성자와 전기적으로 중성인 중성자로 구성되어 있다. 한편 전자는 음전하를 띠며 핵과 전자는 전기적으로 서로를 끌어당긴다.

원자를 흔히 위성에 둘러싸인 행성으로 표현하는데, 아주 정확한 묘사는 아니다. 사실 원자 같은 물질 수준에서 작용하는 힘은 행성이나 일상생활에서 접하는 물건에 가해지는 힘과 다르다. 원자는 무척 작고 가벼워서 원자를 구성하는 요소들 사이의 전자기력이나 상호 작용에 비하면 중력은 무시할 수 있을 정도다. 이러한 수준에서는 고전 물리학의 법칙이 아니라 양자 물리학의 법칙이 적용된다.

원자핵 주위를 돌고 있는 전자의 위치는 정해져 있지 않다. 전자는 원자핵 근처에서 발견될 수도 있고 멀리서 발견될 수도 있다. 따라서 원자의 크기를 측정할 때는 핵을 기준으로 전자가 발견될 확률이 가장 높은 지점까지의 거리를 원자의 반지름으로

정한다. 이렇게 따지면 철 원자의 지름은 약 150피코미터, 다시 말해 0.00000015밀리미터다. 전문가들은 1.5x10⁻¹⁰미터라고 한다. 핵의 크기는 원자의 10만 분의 1이지만 원자의 질량은 대부분 핵에 집중되어 있다.

완두콩만 한 핵

만약 철 원자의 지름이 1킬로미터라면 중심에 있는 핵은 완두콩만 한 크기일 것이다. 이때 핵의 무게를 300억 톤이라 한다면, 핵 주위를 도는 전자는 지름이 100분의 1밀리미터에 무게는 300만 톤일 것이다. 전자는 원자 내부의 어딘가에 자리하며, 존재 확률은 장소에 따라 다르다.

● 연관 키워드

알파, 베타, 감마 | 원자력의 대안 | 원자 | 베크렐 | 생물 축적 | 체르노빌 | 구름 | 오염 | 냉각수 | 크레용 | 마리 퀴리 | 철거 | **분열** | 도시미터(선량계) | 원자력 사고 등급 | 전기 | 농축 | 3세대 원자로 | 피폭 | 핵분열 | 후쿠시마 | **융해** | 가이거 계수기 | 4세대 원자로 | 온실 효과 | H가 필요한 사람들 | 히로시마 | 요오드 | kWh(킬로와트시) | 라 아그 재처리 공장 | 의학 요법 | 버섯 | 자연 방사능 | 원자력 발전소 | **핵** | 오펜하이머 | 원자력에 반대하는 사람들 | 플루토늄 | 환경오염 | 확산 | 방사선 방호 | 원자로 건물 | 시버트 | 소량 피폭 | 보관 | 공포의 균형 | 토카막 | 우라늄 | 유리화 | 폐기물 | 핵겨울 | 위험 제로

베크렐

베크렐은 방사능을 나타내는 단위다. 예전에는 방사능에 '퀴리'라는 단위를 썼다. 베크렐이라는 이름은 '베크렐선'이라는 방사선을 발견한 프랑스의 물리학 교수 앙리 베크렐에서 따 왔다. 베크렐 집안은 대대로 물리학 교수를 배출했다.

Becquerel

1895년 독일 물리학자 빌헬름 콘라드 뢴트겐은 엑스선이라는 전자기파를 발견했다. 전 세계의 과학자들이 엑스선에 열광했고, 광물의 형광 현상을 연구하던 앙리 베크렐도 마찬가지였다. 그는 형광 광물이 엑스선을 발하는지 실험해 보기로 결심했다.

1896년 베크렐은 빛에 노출되면 형광을 내는 우라늄염 결정을 가지고 실험을 했다. 그는 우라늄염 결정을 사진 건판 위에 놓았다. 그러나 햇빛이 부족하여 실험을 중단하고 장비를 전부 서랍 안에 넣어 두었다.

며칠 뒤, 베크렐은 건판을 현상해 보고 긴판이 빛에 노출 된 것을 확인했다. 이렇게 해서 우연히 우라늄염이 고유한 방사선을 방출한다는 사실을 발견하고 그 방사선을 우라늄선이라고 불렀다. 우라늄선의 세기는 시간이 지나도 줄어드는 것 같지 않았지만 그다지 강력하지도 않아서 세간의 관심을 끌지 못했다. 그래서 베크렐은 다른 연구 주제로 넘어갔다. 나중에 이 현상에 '방사능'이라는 이름을 붙인 사람이 바로 마리 퀴리다. 이 발견 덕분에 앙리 베크렐은 1903년 마리 퀴리, 피에르 퀴리와 함께 노벨 물리학상을 받았다.

1베크렐(Bq)은 1초당 한 번의 핵분열이 일어나는 것을 나타내는데, 1베크렐의 강도는 아주 약하다. 베크렐은 흔히 일정 질량의 물질, 일정 부피의 대기, 일정 넓이의 땅에 있는 방사능 세기를 나타내는 데 쓰인다. 이는 어떤 물질에 방사성이 있는지 알려주는 중요한 지표지만 그것이 어떤 방사선이고 생물학적으로 어떤 영향을 미치는지 전혀 나타내지 않는다. 예를 들어 베크렐 값이 같더라도 라듐226 같은 알파 방사체는 3중수소 같은 베타 방사체보다 훨씬 위험한데, 베크렐로는 이러한 사실을 전혀 파악할 수 없다.

자연 속의 베크렐

바닷물 1그램은 평균적으로 0.01베크렐의 방사능을 띤다. 채소나 우유도 0.05에서 0.1베크렐의 방사능을 띤다. 인체의 방사능 세기는 1그램당 약 0.1베크렐이므로 60킬로그램인 사람의 경우 6,000베크렐이 된다. 인간의 장기에 자연적으로 존재하는 포타슘40과 탄소14 때문이다. 화강암의 방사능 세기는 1그램당 1베크렐에 이른다. 우라늄이 들어 있기 때문이다. 가공하기 전 우라늄 광석의 방사능은 화강암보다 2만 배 강하다.

●연관 키워드

알파, 베타, 감마 | 원자력의 대안 | 원자 | 베크렐 | 생물 축적 | 체르노빌 | 구름 | 오염 | 냉각수 | 크레용 | **마리 퀴리** | 철거 | 분열 | 도시미터(선량계) | 원자력 사고 등급 | 전기 | 농축 | 3세대 원자로 | 피폭 | 핵분열 | 후쿠시마 | 융해 | 가이거 계수기 | 4세대 원자로 | 온실 효과 | H가 필요한 사람들 | 히로시마 | 요오드 | kWh(킬로와트시) | 라 아그 재처리 공장 | 의학 요법 | 버섯 | **자연 방사능** | 원자력 발전소 | 핵 | 오펜하이머 | 원자력에 반대하는 사람들 | 플루토늄 | 환경오염 | 확산 | 방사선 방호 | 원자로 건물 | **시버트** | 소량 피폭 | 보관 | 공포의 균형 | 토카막 | 우라늄 | 유리화 | 폐기물 | 핵겨울 | 위험 제로

3

생물 축적

핵폭발에 의해 방사성 물질이 유출되는 것을 방사능 오염이라고 한다.
방사능 오염은 모든 생물에게 영향을 준다. 종에 따라 방사능에 견디는
정도가 조금씩 다를 뿐이다.

Bioaccumulation

방사능의 영향은 반수 치사량, 즉 개체의 절반을 죽음에 이르게 하는 데 필요한 양 또는 최대 허용량을 추산해 측정한다. 물론 사람에게는 곤충이나 물고기, 쥐에게 하는 실험을 하지 않는다. 인간에 대한 자료는 원전 사고나 히로시마, 나가사키 원폭 투하에서 얻은 결과다. 그에 따르면 인간의 반수 치사량은 5그레이(1그레이는 1킬로그램당 1줄의 에너지를 흡수한 것을 나타내는 단위)정도다.

생물은 활동하면서 주변에 퍼져 있는 방사능을 집중시키기도 한다. 어떤 식물은 땅속이나 물속에서 방사성 물질을 흡수해 축적한다. 이 식물을 초식 동물이 먹고, 그 동물을 다시 포식자가 먹으면 동물에게도 축적 현상이 일어난다. 따라서 방사성 물질 같은 유독성 물질은 먹이 사슬을 따라 올라갈수록 점점 더 많이 축적된다.

수산물도 예외는 아니다. 우리는 흔히 원자력 발전소에서 나온 폐수를 바다에 버리면 파도와 해류에 의해 방사능이 희석될 거라고 생각한다. 그러나 방사능에 오염된 물이 깨끗해진다고 해도 갑각류나 조개는 이미 오염되어 먹을 수 없다. 후쿠시마 원전 사고 이후 일본에서 멀리 떨어진 바다에 사는 고래 무리에서도 세슘137이라는 방사성 물질이 발견되었다. 고래는 작은 물고기를 먹는데, 그 물고기가 먹은 식물성 플랑크톤에 후쿠시마 원전에서 나온 세슘이 축적되어 있었기 때문이다.

방사성 저항성

전갈은 방사성 저항성이 높은 동물이다. 전갈은 900그레이의 방사능에도 견딜 수 있는데 이는 인간이 견딜 수 있는 양보다 100배 많은 양이다. 대체로 곤충, 거미, 전갈 같은 절지동물이 포유동물보다 저항성이 크다. 마찬가지로 완보류, 즉 표토층에 살고 있는 미생물도 방사능을 포함한 다양한 위해에 무척 강하다. 완보류는 인간이 견딜 수 있는 것보다 500배 더 강한 방사능을 견뎌 낸다! 이들보다 방사능을 훨씬 더 잘 견디는 유기체도 있다. 바로 '데이노코쿠스 라디오두란스'라는 학명을 가진 박테리아다. 이 학명은 '방사능에 살아남는 무시무시한 알갱이'라는 뜻이다. 이 박테리아는 5만 그레이의 방사성 물질을 견딘다! 비결이 뭐냐고? 바로 방사성 물질에 노출되어 파괴된 DNA를 스스로 연결시켜 생체를 재구축하는 것이다.

●연관 키워드

C 체르노빌

1986년 4월 26일, 끔찍한 실수 몇 가지가 연이어 일어난 결과 우크라이나 체르노빌 원자력 발전소의 원자로 냉각 장치가 멈추고 노심 용해가 일어났다. 폭발과 함께 요오드131과 세슘137이 들어 있는 어마어마한 양의 방사성 먼지가 퍼져 나갔다.

방사능 공원

Chernobyl

체르노빌 원전 사고로 퍼진 방사성 먼지는 비에 섞여 땅에 내려앉았고 토양과 식물을 오염시켰다. 인근에서 자라던 채소와 곡식이 오염되었고 가축의 젖과 고기도 마찬가지였다. 우크라이나와 벨라루스가 특히 심각하게 오염되었고 방사성 구름이 상공을 통과한 탓에 다른 유럽 지역도 적게나마 오염되었다.

사고가 일어나자 관계자들은 화재를 진압하고 현장을 안정시킨 뒤 발전소를 청소했다. 또한 방사능이 퍼지는 것을 막기 위해 콘크리트 석관을 건설했다. 하지만 발전소 주변은 방사능이 너무 강해서 몇 분 정도밖에 미무를 수 없었다. 그래서 무려 60만 명이 교대하며 사후 처리를 진행했다! 이렇게 하여 1인당 평균 피폭량은 제한할 수 있었지만 초기에 투입된 작업자들은 강한 방사선에 노출되고 말았다.

일단 방사능에 노출되면 치료할 방법이 없다. 따라서 미리 요오드 알약을 먹어 체내에 방사능이 축적되는 것을 예방해야 한다. 하지만 구소련 정부는 사람들에게 요오드 알약을 빨리 나누어 주지 못했다. 수천 명의 아이들 몸속에 방사성 요오드가 축적되어 갑상샘 암을 유발했다. 사망자도 여러 명 발생했다. 해체 작업에 참여한 사람들 수십 명도 대량의 방사선에 노출되었고 얼마 뒤 세상을 떠났다. 여러 국제 기구는 사고가 일어난 뒤 3~4,000명이 목숨을 잃었을 것으로 추정한다.

몇몇 환경 운동 단체는 체르노빌 사고의 사망자를 98만 명까지 추정한다. 하지만 이들이 사용하는 통계 모델에는 논란의 여지가 있다. 해체 작업자와 일반 주민들이 걸린 질병의 직접적인 원인이 방사능인지 아니면 다른 원인, 예를 들어 불량한 위생 상태나 피난 생활의 스트레스에서 비롯되었는지 구별하기는 사실상 불가능하기 때문이다. 게다가 구소련이 사건에 대한 정보를 조작하고 사실을 은폐하여 측정이 더 어려워졌다.

우크라이나 당국은 발전소 주변 반경 30킬로미터를 출입 금지 구역으로 지정했고, 약 20만 명이 체르노빌을 떠났다. 현재 원자로 부근의 방사선 양은 연간 200밀리시버트에 달하며 이는 자연 방사능보다 100배 강하다. 이 사고로 우크라이나 영토의 5퍼센트인 5만 제곱킬로미터가 넘는 지역과 러시아 영토 일부가 오염되었다. 벨라루스 국민의 20퍼센트가 영향을 받았고 70개 마을이 완전히 사라졌다. 물질적 피해와 오염 확산을 막기 위해 수행한 작업에 든 비용은 수백조 원에 달했다. 체르노빌 원전 사고는 원자력 산업의 위험성을 상징하는 사건이 되었다.

● **연관 키워드**

알파, 베타, 감마 | 원자력의 대안 | 원자 | 베크렐 | 생물 축적 | 체르노빌 | 구름 | 오염 | 냉각수 | 크레용 | 마리 퀴리 | 철거 | 분열 | 도시미터(선량계) | 원자력 사고 등급 | 전기 | 농축 | 3세대 원자로 | 피폭 | 핵분열 | **후쿠시마** | 융해 | 가이거 계수기 | 4세대 원자로 | 온실 효과 | H가 필요한 사람들 | 히로시마 | 요오드 | kWh(킬로와트시) | 라 아그 재처리 공장 | 의학 요법 | 버섯 | 자연 방사능 | **원자력 발전소** | 핵 | 오펜하이머 | 원자력에 반대하는 사람들 | 플루토늄 | 환경오염 | 확산 | 방사선 방호 | 원자로 건물 | 시버트 | 소량 피폭 | 보관 | 공포의 균형 | 토카막 | 우라늄 | 유리화 | 폐기물 | 핵겨울 | 위험 제로

구름
Cloud

2011년 일본에 강도 9.0의 지진이 일어나면서 후쿠시마 원자력 발전소에 이상이 생겼다. 사고가 일어나자 사람들은 방사성 구름을 몹시 걱정했다. 이 구름은 다른 나라, 심지어 아주 멀리 떨어진 나라도 오염시킬 수 있기 때문이다.

Cloud

2011년 3월 11일 진도 9의 지진으로 후쿠시마 원자력 발전소의 원자로 중심부 냉각 장치가 멎었다. 내부 기체 압력이 높아졌고 그 결과 폭발이 일어나 차폐 구역이 무너졌다.

차폐 구역이 무너지자 발전소 내부의 온도가 급격하게 상승했다. 이에 따라 화재가 발생해 검은 연기가 솟아올랐고, 물이 기화해 수증기가 되어 흰 연기를 만들어 냈다. 요오드131, 세슘137 및 다른 여러 방사성 원소가 포함된 연기에 공기와 땅이 오염되었다.

바람에 실려간 원소들을 실제로 느낄 수는 없다. 방사성 구름은 눈에 보이지 않는 커다란 공기 덩어리여서 대기 중의 방사능을 측정해야만 탐지할 수 있다.

사고가 일어나고 약 12일 뒤, 바람에 실려간 원소들이 유럽에 도착했다. 하지만 방사성 구름의 방사능 농도는 자연 방사능보다 훨씬 약한 정도였다. 3주 뒤에는 공기 덩어리가 북반구 전체로 흩어졌다. 이처럼 어디선가 원자력 사고가 일어나면 전 세계가 영향을 받는다. 방사성 구름은 국경을 모르기 때문이다!

방사성 구름은 이동하면서 조금씩 흐려진다. 이에 따라 제논133처럼 반감기가 짧은 원소들이 빨리 사라져 방사능이 약해진다. 하지만 비가 오면 방사성 입자들이 땅으로 내려간다. 방사성 원소가 비 때문에 다시 모이면 멀리 떨어진 지역도 영향을 받을 수 있다. 이때부터는 생물학적 피폭 현상이 시작된다. 식물과 동물의 내부 오염 정도는 종에 따라 매우 다르다.

방사성 구름의 영향

체르노빌 원전 사고 당시, 유럽 정부는 방사성 구름을 과소평가했다. 프랑스 정부는 체르노빌 원전 사고에 대해 이렇게 말했다. "프랑스 영토는 체르노빌에서 멀리 떨어져 있다. 따라서 체르노빌 원자력 발전소 사고로 인한 방사성 구름의 영향에서 완전히 벗어나 있다. 방사성 먼지가 관찰되었으나 국민의 건강에는 결코 영향을 끼치지 않았다." 하지만 실제로 일부 유럽 국가는 체르노빌 원전 사고로 인해 피해를 입었다고 보는 게 정확하다.

●**연관 키워드**

알파, 베타, 감마 | 원자력의 대안 | 원자 | 베크렐 | 생물 축적 | **체르노빌** | 구름 | 오염 | 냉각수 | 크레용 | 마리 퀴리 | 철거 | 분열 | 도시미터(선량계) | 원자력 사고 등급 | 전기 | 농축 | 3세대 원자로 | **피폭** | 핵분열 | **후쿠시마** | 융해 | 가이거 계수기 | 4세대 원자로 | 온실 효과 | H가 필요한 사람들 | 히로시마 | **요오드** | kWh(킬로와트시) | 라 아그 재처리 공장 | 의학 요법 | 버섯 | 자연 방사능 | 원자력 발전소 | 핵 | 오펜하이머 | 원자력에 반대하는 사람들 | 플루토늄 | **환경오염** | 확산 | 방사선 방호 | 원자로 건물 | 시버트 | 소량 피폭 | 보관 | 공포의 균형 | 토카막 | 우라늄 | 유리화 | 폐기물 | 핵겨울 | 위험 제로

오염

의료 관계자나 발전소에서 일하는 사람처럼 방사성 물질을 다루는 사람
은 방사능에 오염될 수 있다.

Contamination

방사성 물질에 노출되는 것을 피폭이라고 한다. 방사성 물질은 피부나 옷에 묻을 수 있다. 심지어 호흡 같은 신체 활동에 의해 장기 내부까지 침투할 수도 있다. 따라서 피폭이 되면 오염 물질을 빨리 제거해야 한다.

핵폭탄이 폭발하든 원자력 발전소에서 사고가 일어나든, 노출된 방사성 물질은 사건이 종결된 뒤에도 계속 문제를 일으킨다. 방사성 원소가 주변으로 방출되어 환경을 오염시키기 때문이다. 바람을 타고 멀리 날아간 방사성 먼지는 땅에 쌓인다. 또한 방사능에 오염된 물이 땅속으로 스며들거나 지표면을 흘러 바다에 합쳐지면서 방사성 물질은 널리 퍼진다. 비가 내리면 오염이 더 심해진다. 대기 중의 방사능이 공기 1세제곱미터당 1베크렐일 경우, 빗물 1리터의 방사능은 약 100만 베크렐이다.

땅에 스며든 방사성 원소는 식물 뿌리에 흡수된다. 식물이 흡수한 원소는 수액을 따라 이파리까지 운반된다. 따라서 방사성 물질에 오염된 흙에서 자란 식물을 먹거나 피폭된 동물에서 나온 우유나 고기를 먹으면 사람도 피폭된다.

물이나 대기 중의 방사능을 제거할 수는 없다. 하지만 토양의 방사능은 부분적으로나마 없앨 수 있다. 토양의 표면층을 긁어

내는 것이다. 이 방법은 방사성 원소가 아직 땅속 깊이 스며들지 않은 경우에 상당히 효과적이다. 다만 긁어낸 흙을 어디에 처리할 것인가에 대한 문제가 발생한다.

해바라기같이 방사성 원소를 잘 흡수하는 식물을 심는 방법도 있다. 방사성 원소가 식물에 축적되면 식물을 거두어 소각하고, 재는 방사성 폐기물로 취급하면 된다.

냉각수

모든 원자로에는 에너지를 얻기 위해 핵분열을 시키는 '핵연료 건물'이 딸려 있고 그 안에는 수조가 있다. 사용이 끝난 핵연료는 굉장히 뜨거운 상태로 노심에서 나오는데, 수조에는 연료를 냉각하기 위한 물이 담겨 있다.

원자력 발전소의 냉각수를 담는 수조는 우리가 흔히 생각하는 수영장과 비슷하게 생겼다. 크기는 가로 20미터, 세로 50미터 정도다. 깊이는 보통 6~15미터 정도인데, 수조가 이렇게 깊은 이유는 거대한 우라늄 덩어리가 잠겨야 하기 때문이다. 수조에는 사람이 실수로 물에 빠질 경우에 대비해 부표가 둘러 있다.

핵연료를 원자로에서 3년 동안 사용하고 나면 우라늄235의 함유량이 줄어들어 정상적인 핵분열 연쇄 반응을 일으키지 못한다. 하지만 남아 있는 방사성 원소가 여전히 방사능과 열을 발산한다. 이 연료를 수조에 보관하면 차가운 물이 장치 안을 순환하며 열을 식히고 방사능도 조금씩 약해진다. 원자로에서 나온 연료의 온도는 300도 이상이지만, 냉각수의 온도는 45도에서

50도 사이를 유지해야 한다. 또한 핵분열 연쇄 반응이 자연적으로 시작되지 않도록 각각의 연료봉 다발은 서로 떨어뜨려 놓는다. 방사능의 물리적 효과로 인해 수조는 푸른빛을 띤다.

냉각수는 두 가지 역할을 한다. 연료를 냉각하는 것과 방사선을 차단하는 것이다. 냉각수는 원자력 발전소에서 일하는 직원들을 보호하기 위한 장치다. 냉각수에 첨가한 붕소는 연료에서 방출되는 중성자를 끌어들여 핵분열을 막는다. 물론 냉각수에서도 방사성 원소가 조금씩 나온다. 따라서 냉각수를 여과 과정 없이 아무렇게나 외부에 버리면 안 된다.

냉각수 속에 몇 달을 두어 폐연료봉의 방사능이 낮아지면 연료봉을 재처리 시설로 보낸다. 재처리 시설에는 수조가 여러 개 있는데, 이곳에서 다시 여러 해 동안 연료를 보관한다. 그런 다음 또 재처리 작업을 하거나 물 밖으로 꺼내 새로운 곳에 보관한다.

냉각수는 절대 새서는 안 되며 냉각 수조는 지진에 견딜 수 있어야 한다. 사고가 일어난 후쿠시마 원자력 발전소에서는 8.5톤에 달하는 냉각수가 유출되었다. 유출된 냉각수는 방사능에 오염된 상태였다.

●**연관 키워드**

알파, 베타, 감마 | 원자력의 대안 | 원자 | 베크렐 | 생물 축적 | 체르노빌 | 구름 | 오염 | 냉각수 | 크레용 | 마리 퀴리 | 철거 | 분열 | 도시미터(선량계) | 원자력 사고 등급 | 전기 | 농축 | 3세대 원자로 | 피폭 | 핵분열 | 후쿠시마 | 융해 | 가이거 계수기 | 4세대 원자로 | 온실 효과 | H가 필요한 사람들 | 히로시마 | 요오드 | kWh(킬로와트시) | 라 아그 재처리 공장 | 의학 요법 | 버섯 | 자연 방사능 | **원자력 발전소** | 핵 | 오펜하이머 | 원자력에 반대하는 사람들 | 플루토늄 | 환경오염 | 확산 | 방사선 방호 | **원자로 건물** | 시버트 | 소량 피폭 | 보관 | 공포의 균형 | 토카막 | 우라늄 | 유리화 | **폐기물** | 핵겨울 | 위험 제로

크레용

원자력 발전소에서 쓰이는 핵연료는 크레용같이 기다란 봉 모양이다. 연료봉은 농축 공장에서 제작되어 발전소로 운반되는데, 이때 헌병대의 보호를 받는다. 핵연료를 빼돌리거나 훔치려는 자들이 있을지 모르기 때문이다.

Crayon

핵연료봉이란 핵연료로 사용할 농축 우라늄을 크레용 같은 막대 모양으로 포장한 것이다. 농축 우라늄이란 우라늄235의 비율을 인공적으로 높인 것으로, 우라늄235는 강력한 독성 물질이지만 방사능은 폐연료보다 약하다.

연료봉을 만드는 과정은 복잡하다. 우선 지름 7~8밀리미터 정도 되는 알갱이 모양의 이산화우라늄 연료를 가공한다. 그리고 지르코늄 합금으로 만든 4미터 길이의 관에 연료 알갱이 272개를 채워 연료봉을 만든다. 그다음 연료봉 254개를 나란히 놓고 다발로 묶는다. 이를 연료다발이라고 한다. 900메가와트급 원자로의 노심에는 연료 다발 157개가 들어 있다. 즉 4만 1,448개의 연료봉에 우라늄 72톤이 들어가 있다는 뜻이다.

비슷한 크기의 커다란 우라늄 기둥을 쓰면 간단하지 않으냐고? 절대 안 된다. 그렇게 큰 덩어리는 곧장 녹아 버리거나 폭발해 버릴 것이다! 연쇄 반응을 일으키기 위해서는 일정한 양의 방사성 우라늄이 필요하다. 이때 필요한 최소량을 '임계량'이라고 한다. 임계량을 넘어서면 발산된 중성자의 수가 너무 많아져 핵반응이 폭주해 폭발로 이어질 수 있다.

연료 다발 사이에는 제어봉이 있다. 제어봉은 붕소나 은, 카드

튬 등 중성자를 잘 흡수하여 핵분열을 막을 수 있는 원소의 합금으로 만든다. 제어봉을 우라늄 연료봉에 얼마나 깊이 끼워 넣을지 조절하여 원자로의 출력을 통제하는데, 원자로를 긴급히 정지해야 할 경우에는 제어봉이 바로 내려가 연료봉 사이를 완벽히 차단한다.

연료봉 내부의 우라늄이 핵분열을 계속하면 연료봉은 조금씩 낡는다. 그래서 매년 원자로를 멈추고 연료봉 다발을 3분의 1 또는 4분의 1씩 교체해야 한다.

● **연관 키워드**

알파, 베타, 감마 | 원자력의 대안 | 원자 | 베크렐 | 생물 축적 | 체르노빌 | 구름 | 오염 | 냉각수 | 크레용 | 마리 퀴리 | 철거 | 분열 | 도시미터(선량계) | 원자력 사고 등급 | 전기 | 농축 | 3세대 원자로 | 피폭 | 핵분열 | 후쿠시마 | 융해 | 가이거 계수기 | 4세대 원자로 | 온실 효과 | H가 필요한 사람들 | 히로시마 | 요오드 | kWh(킬로와트시) | 라 아그 재처리 공장 | 의학 요법 | 버섯 | 자연 방사능 | **원자력 발전소** | 핵 | 오펜하이머 | 원자력에 반대하는 사람들 | 플루토늄 | 환경오염 | 확산 | 방사선 방호 | **원자로 건물** | 시버트 | 소량 피폭 | 보관 | 공포의 균형 | 토카막 | **우라늄** | 유리화 | 폐기물 | 핵겨울 | 위험 제로

마리 퀴리

마리 퀴리는 여성 연구자가 극히 드물던 핵물리학 분야를 연구한 과학자다. 하지만 단순히 여성이어서 존경받는 것은 아니다. 마리 퀴리는 여전히 미지의 영역이 많은 핵물리학에서 주요한 역할을 한 인물이다.

마리 퀴리의 원래 이름은 마리아 스클로도프스카로 폴란드에서 태어나 프랑스에서 물리학을 공부했다. 1897년, 마리 퀴리는 앙리 베크렐의 연구를 다시 확인해 보고 우라늄 이외에도 방사선을 방출하는 원소가 있다는 사실을 알아챘다. 그녀는 남편 피에르 퀴리와 함께 연구를 계속하여 우라늄 광석에서 폴로늄과 라듐이라는 원소를 추출했다. 폴로늄과 라듐은 모두 방사능을 가진 방사성 원소였다. 특히 라듐의 방사능은 우라늄보다 300만 배 강했다.

라듐은 열과 빛을 발하면서도 줄어들지 않는 것처럼 보였다. 또한 퀴리 부부는 라듐이 아연, 알루미늄은 물론 종이도 방사능을 띠게 만들 수 있다는 사실을 알아냈다. 퀴리 부부는 방사능을 발견한 업적을 인정받아 앙리 베크렐과 함께 노벨 물리학상을 받았다. 1906년 피에르 퀴리는 사고로 세상을 떠났고, 마리 퀴리는 소르본느 대학의 교수가 되었지만 여성이라는 이유로 야유를 받기도 했다.

마리 퀴리는 방사능에 대한 연구를 계속해 1911년 또 한 번 노벨상을 받는 영광을 누렸다. 이번에는 라듐과 폴로늄을 발견한 공으로 화학상을 받았다. 1932년에는 라듐 연구소를 창립하고 방사능을 의학적으로 사용하는 방법을 연구하는 데 헌신했다.

마리 퀴리는 1934년 숨을 거두었다. 방사능 연구를 하면서 방사선에 너무 많이 노출되었기 때문이었다. 퀴리 부부의 유해는 1995년 팡테옹으로 옮겨져 안장되었다.

퀴리 부부의 딸 이렌 역시 물리학자가 되었다. 그녀는 남편 프레데릭 졸리오와 협력하여 새로운 방사성 복합 화합물을 연구했다. 이 업적으로 이렌 부부는 1935년 노벨 화학상을 받았다.

과학의 몽상가

인류에게는 자기 자신의 이익을 지키면서도 최대한의 연구 성과를 끌어내는 실리적인 사람이 필요하다. 하지만 인류에게는 자신의 물질적 이익을 포기하더라도 연구에 매진하는 몽상가도 필요하다. 아마 이들은 부를 누릴 수 없을지도 모른다. 제대로 된 사회라면 이들이 일생 동안 물질적 근심에서 벗어나 연구에 집중할 수 있도록 지원해 주어야 한다.

● **연관 키워드**

알파, 베타, 감마 | 원자력의 대안 | 원자 | **베크렐** | 생물 축적 | 체르노빌 | 구름 | 오염 | 냉각수 | 크레용 | 마리 퀴리 | 철거 | 분열 | 도시미터(선량계) | 원자력 사고 등급 | 전기 | 농축 | 3세대 원자로 | 피폭 | 핵분열 | 후쿠시마 | 융해 | 가이거 계수기 | 4세대 원자로 | 온실 효과 | H가 필요한 사람들 | 히로시마 | 요오드 | kWh(킬로와트시) | 라 아그 재처리 공장 | **의학 요법** | 버섯 | **자연 방사능** | 원자력 발전소 | 핵 | 오펜하이머 | 원자력에 반대하는 사람들 | 플루토늄 | 환경오염 | 확산 | 방사선 방호 | 원자로 건물 | 시버트 | 소량 피폭 | 보관 | 공포의 균형 | 토카막 | **우라늄** | 유리화 | 폐기물 | 핵겨울 | 위험 제로

철거

현재 가동 중인 원자력 발전소의 수명은 보통 30여 년으로 매우 짧다. 발전소의 수명은 전기 생산 비용을 평가하는 가장 중요한 요소다. 그래서 많은 국가들이 원자력 발전소를 가능한 한 오래 사용하려고 애쓰고 있다.

Demolish

원자력 발전소를 이루는 갖가지 기계와 건물은 방사능에 의해 조금씩 망가진다. 게다가 원자력 발전소는 가동을 시작하면 수명이 다할 때까지 결코 정지할 수 없다. 따라서 원자로 용기 같은 몇몇 주요 부품은 사실상 교체가 불가능하다.

언젠가 우리는 원자력 발전소의 가동을 멈추어야만 한다. 하지만 원자력 발전소의 가동을 멈추는 일이 그리 간단한 문제는 아니다. 오래된 발전소를 철거하고 새 발전소를 지으면 끝나는 게 아니기 때문이다. 발전소의 기계와 배관, 원자로 용기는 핵분열로 인해 방사능을 띠게 된다. 따라서 발전소를 철거하려면 피폭을 감수해야 한다.

수명이 다한 원자력 발전소를 처리하는 작업은 철거라기보다는 '해체'라고 하는 편이 적절하다. 수명이 다한 원자력 발전소를 하나하나 분해하여 핵폐기물과 부품을 각각 처리해야 하기 때문이다. 해체 작업은 작업 인력을 보호하고 환경을 오염시키지 않도록 주의하여 체계적으로 진행해야 한다. 발전소 하나를 철거해서 그 장소를 원래 상태로 되돌리는 데는 약 30년이 걸린다!

현재 원자력 발전소를 철거한 경험이 있는 국가는 미국, 일본, 독일밖에 없다. 철거 대상인 발전소는 주로 천연 우라늄을 연료로 쓰고 내부에 방사성 흑연이 많이 들어 있는 구식 모델이다. 지금까지 전 세계에서 원자로 약 140기가 가동을 멈추었지만 그 중 해체된 것은 극히 적다.

원자력 산업에 반대하는 사람들은 두 가지 문제를 제기한다. 하나는 발전소의 방사성 폐기물과 발전소 건물 자체를 안전하게 처리하는 문제고, 다른 하나는 처리 작업에 드는 비용 문제다. 핵에너지는 다른 에너지에 비해 생산 비용이 저렴하지만 철거 비용은 최소 몇천억 원이다. 프랑스 마르쿨 발전소의 경우 원자로 하나의 철거 비용이 5,165억 원, 전체 철거 비용은 무려 7조 3,000억 원으로 추정된다!

●**연관 키워드**

알파, 베타, 감마 | 원자력의 대안 | 원자 | 베크렐 | 생물 축적 | 체르노빌 | 구름 | 오염 | 냉각수 | 크레용 | 마리 퀴리 | 철거 | 분열 | 도시미터(선량계) | 원자력 사고 등급 | 전기 | 농축 | 3세대 원자로 | 피폭 | 핵분열 | 후쿠시마 | 융해 | 가이거 계수기 | 4세대 원자로 | 온실 효과 | H가 필요한 사람들 | 히로시마 | 요오드 | kWh(킬로와트시) | 라 아그 재처리 공장 | 의학 요법 | 버섯 | 자연 방사능 | **원자력 발전소** | 핵 | 오펜하이머 | **원자력에 반대하는 사람들** | 플루토늄 | 환경오염 | 확산 | 방사선 방호 | 원자로 건물 | 시버트 | 소량 피폭 | 보관 | 공포의 균형 | 토카막 | 우라늄 | 유리화 | 폐기물 | 핵겨울 | 위험 제로

분열

핵분열을 일으켜 입자를 분해하는 원자 분쇄포는 종종 공상 과학 영화에서 미래의 히어로들이 사용하는 무기로 등장한다(적어도 무척 진부한 영화에서는 그렇다). 영화 제작자는 핵분열을 물이 수증기가 되어 날아가는 것처럼 원자핵이 아주 잘게 나뉘어 사라지는 현상으로 표현한다. 이러한 상상 속의 핵분열은 방사성 핵분열과 전혀 다르다. 과학자들은 방사성 핵분열을 방사성 '변환'이라고 부르는 편을 선호한다.

Division

원자 핵분열은 불안정한 상태의 방사성 핵이 전자와 전자기 파를 방출하여 새로운 핵으로 변환하는 것이다. 핵분열을 할 때 원자는 입자나 전자기파를 방출한다. 이때 핵의 성질이 달라지는데 새로운 핵은 안정할 수도 있고 불안정할 수도 있다. 안정할 경우에는 핵분열이 멈추지만 불안정할 경우에는 또다시 변환을 겪는다. 이를 '계열 핵분열'이라고 하는데, 핵분열을 하는 방사성 원소를 '방사성 동위 원소'라고도 한다. 예를 들어 우라늄238은 토륨230, 라듐226, 폴로늄214 등 여러 단계의 변환을 거쳐 마침내 납206이라는 옛날에 파이프를 만드는 데 사용했

반감기

반감기는 방사성 물질의 방사능이 원래의 절반이 되는 데 걸리는 시간이다. 예를 들어 폴로늄210의 반감기는 138일이다. 즉 처음에 1그램이었던 폴로늄210이 138일이 지나면 0.5그램으로 줄어들고, 276일이 지나면 0.25그램만 남는다는 뜻이다. 반감기는 원소마다 다르다. 폴로늄214의 반감기는 160마이크로초인 반면 우라늄238의 반감기는 45억 년이다!

던 물질이 된다. 납206은 완벽하게 안정적인 물질로 아무것도 발산하지 않고 방사능도 띠지 않는다.

핵분열을 할 때마다 물질이 가진 방사능은 감소한다. 결국 시간이 흐를수록 방사성 원소는 연속적인 핵분열의 결과 안정적인 원소로 변한다. 지구에 천연 방사성 원소가 거의 존재하지 않는 이유가 이 사실 때문이다. 태양계가 형성된 45억 5,000만 년 전부터 지금까지 방사성 원소가 핵분열을 거듭하며 대부분 안정 단계에 이른 것이다! 아직도 방사선을 방출하는 원소는 반감기가 굉장히 긴 원소와 우주선(宇宙線)의 영향을 받아 계속해서 형성되는 원소뿐이다. 우주선이란 우주에서 지구로 쏟아지는 미립자가 지구의 대기에 존재하는 분자와 충돌하여 생긴 방사선을 말한다.

●연관 키워드

알파, 베타, 감마 | 원자력의 대안 | **원자** | **베크렐** | 생물 축적 | 체르노빌 | 구름 | 오염 | 냉각수 | 크레용 | 마리 퀴리 | 철거 | 분열 | **도시미터(선량계)** | 원자력 사고 등급 | 전기 | 농축 | 3세대 원자로 | 피폭 | **핵분열** | 후쿠시마 | 융해 | 가이거 계수기 | 4세대 원자로 | 온실 효과 | H가 필요한 사람들 | 히로시마 | 요오드 | kWh(킬로와트시) | 라 아그 재처리 공장 | 의학 요법 | 버섯 | 자연 방사능 | 원자력 발전소 | 핵 | 오펜하이머 | 원자력에 반대하는 사람들 | 플루토늄 | 환경오염 | 확산 | 방사선 방호 | 원자로 건물 | 시버트 | 소량 피폭 | 보관 | 공포의 균형 | 토카막 | 우라늄 | 유리화 | 폐기물 | 핵겨울 | 위험 제로

도시미터(선량계)

도시미터는 방사선의 양을 측정하는 장치로 방사능이 있는 장소에서 작업할 때 받는 방사선의 양을 알기 위해 꼭 필요한 물건이다. 원자력 발전소에서 사고가 일어났을 때 위험 지역을 알아내기 위해 도시미터를 사용한다.

Dosimeter

도시미터는 기본적으로 위험한 상황에서도 작동할 수 있도록 매우 견고하게 설계되었다. 보통 도시미터는 방사선의 총량만 표시한다. 하지만 시간의 흐름에 따라 노출 정도가 얼마나 변화하는지 기록하는 도시미터나, 허용된 양을 초과하면 경보가 울리는 시스템을 갖춘 도시미터도 있다.

방사성 물질을 취급할 때는 어떤 경우라도 반드시 도시미터를 착용해야 한다. 방사선에 대해 감도가 높은 필름을 인화할 때도 마찬가지다. 방사성 물질을 취급하는 의사는 특수 열 발광 반지를 낀다. 수술할 때 방사성 물질에 가장 많이 노출되는 신체 기관인 손이 방사선을 얼마나 받는지 측정하는 것이다. 한편 원자력 시설에서는 구역마다 시간당 흡수될 수 있는 방사선의 최대치를 특정한 색으로 표시한다. 가장 위험도가 높은 구역에서는 받은 방사선의 양을 계속해서 수치로 표시하는 도시미터를 착용해야 한다. 그래야 법으로 정해진 최대 노출 허용량에 도달했을 때 바로 작업을 중지할 수 있기 때문이다.

흡수된 방사선의 양은 '그레이(Gy)' 단위로 측정한다. 그레이는 받은 에너지의 양을 표시하는 단위로 물질 1킬로그램당 몇 줄의 에너지를 받았는지 나타낸다. 그러나 방사선의 총량이 생물에 미치는 영향을 알려 주는 것은 아니다. 이를 알기 위해서는 알파선, 베타선 같은 방사선의 종류와 방사선이 시간당 흐르는 양, 다시 말해 강도를 측정해야 한다. 1그레이를 1시간 동안 받는 것과 1년 동안 받는 것은 전혀 다르다. 이는 햇빛에 노출되는 것에 비유할 수 있다. 자외선을 한 번에 많이 쬐면 피부에 심각한 화상을 입지만 같은 양을 여러 날에 걸쳐 나누어 쬐면 피부가 그을려서 보호된다(딱 들어맞는 비유는 아니다. 방사능에 익숙해질 수는 없으니까!).

후쿠시마 원전 사고 같은 원자력 관련 사고가 나면 방사성 원소가 바람과 비를 타고 주변 곳곳에 날아가 쌓인다. 하지만 모든 지역의 오염 수준을 알 수는 없다. 따라서 위험한 환경에서는 도시미터를 착용하고 있어야 얼마나 방사능에 오염되었는지 확인할 수 있다. 그래서 후쿠시마 어린이들은 도시미터를 가지고 다닌다.

● 연관 키워드

알파, 베타, 감마 | 원자력의 대안 | 원자 | 베크렐 | 생물 축적 | **체르노빌** | 구름 | 오염 | 냉각수 | 크레용 | 마리 퀴리 | 철거 | 분열 | 도시미터(선량계) | 원자력 사고 등급 | 전기 | 농축 | 3세대 원자로 | **피폭** | 핵분열 | **후쿠시마** | 융해 | **가이거 계수기** | 4세대 원자로 | 온실 효과 | H가 필요한 사람들 | 히로시마 | 요오드 | kWh(킬로와트시) | 라 아그 재처리 공장 | 의학 요법 | 버섯 | 자연 방사능 | 원자력 발전소 | 핵 | 오펜하이머 | 원자력에 반대하는 사람들 | 플루토늄 | 환경오염 | 확산 | 방사선 방호 | 원자로 건물 | **시버트** | 소량 피폭 | 보관 | 공포의 균형 | 토카막 | 우라늄 | 유리화 | 폐기물 | 핵겨울 | 위험 제로

원자력 사고 등급

원자력 사고라는 말을 들으면 가장 먼저 핵폭발이 떠오른다. 하지만 사실 원자력 발전소에서 핵폭발이 일어날 수는 없다! 현재 발전소에서 사용하는 원료에는 플루토늄이 일정량 이상 포함되어 있지 않아서 핵폭탄에서 일어나는 핵분열 반응을 일으킬 수 없기 때문이다. 하지만 화재나 펌프 정지, 안전봉 오작동 같은 사고는 충분히 일어날 수 있다.

〈원자력 사고 등급〉

대형 사고(7)

심각한 사고(6)

시설 외부로의 위험 사고(5)

시설 내부의 위험 사고(4)

중대한 이상(3)

이상(2)

이례적인 사건(1)

경미한 이상(0)

어떤 사고가 일어나든 제대로 통제하지 않으면 원자력 발전소 주변으로 방사성 물질이 퍼져 나가는 지경에 이를 수 있다. 심지어 방사성 물질이 아주 멀리까지 퍼질 수도 있다.

INES(International Nuclear Event Scale)는 '국제 원자력 사고 등급'으로, 국제 원자력 기구(IAEA, International Atomic Energy Agency)가 책정하여 세계 50여 개 나라가 받아들이고 있는 기준이다. 방사성 물질의 유출과 관련해 0에서 7까지 8단계로 등급을 매겨서 사고의 심각성을 평가하는 것이다.

0의 통상적 의미와 달리, 0등급이라고 해서 아무 사건도 일어나지 않은 것은 아니다! 0등급은 '경미한 이상'이 있지만 심각하지 않은 상황을 뜻한다. 1등급은 웹 사이트에 발표해야 하는 '이례적인 사건'으로 1등급 사건은 종종 일어난다.

2등급부터 7등급 사건까지는 모두 공식 발표 대상이다. 발전소에서 직원이 피폭되는 것은 '중대한 이상'을 뜻하는 3등급이다. 방사성 물질이 미량이라도 발전소 외부로 유출되면 3등급 사건으로 취급한다. 노심이 손상을 입으면 바로 4등급 사고가 되는데, 1980년 프랑스의 생로랑데조 발전소 사고가 4등급으로 분류되었다. 발전소에서 화재가 일어나 심각한 피해가 발생한 사고였다.

가장 심각한 사고는 발전소에서 핵분열 연쇄 반응이 일어나는 노심이 용해되는 것이다. 열기가 배출되지 않고 노심에 축적되면 노심이 용해될 때까지 온도가 올라갈 수 있다. 그러면 우라늄과 플루토늄을 비롯한 모든 원소가 불타는 마그마로 변하는데 이것을 '노심 용융물'이라고 부른다. 이러한 사고는 5등급으로 분류하는데, 1979년 미국 스리마일 발전소에서 일어났다.

6등급은 '심각한 사고'로 원자력 발전소 주변 지역의 주민을 대피시켜야 할 수도 있다. 7등급 '대형 사고'는 방사성 물질이 대량으로 외부에 확산되는 사고다. 1986년 체르노빌 원전 사고와 2011년 후쿠시마 원전 사고가 여기에 해당하지만 체르노빌의 방사능 유출이 훨씬 더 심각했다.

●연관 키워드

알파, 베타, 감마 | 원자력의 대안 | 원자 | 베크렐 | 생물 축적 | **체르노빌** | 구름 | 오염 | 냉각수 | 크레용 | 마리 퀴리 | 철거 | 분열 | 도시미터(선량계) | 원자력 사고 등급 | 전기 | 농축 | **3세대 원자로** | 피폭 | 핵분열 | **후쿠시마** | **융해** | 가이거 계수기 | 4세대 원자로 | 온실 효과 | H가 필요한 사람들 | **히로시마** | 요오드 | kWh(킬로와트시) | 라 아그 재처리 공장 | 의학 요법 | 버섯 | 자연 방사능 | 원자력 발전소 | 핵 | 오펜하이머 | 원자력에 반대하는 사람들 | 플루토늄 | 환경오염 | 확산 | 방사선 방호 | 원자로 건물 | 시버트 | 소량 피폭 | 보관 | 공포의 균형 | 토카막 | 우라늄 | 유리화 | 폐기물 | 핵겨울 | 위험 제로

전기

전기가 처음 도시를 밝혔을 때, 사람들은 전기를 '빛의 요정'이라고 생각했다. 전기는 지금도 늘 조용히 어둠을 밝혀 주고 몸을 따뜻하게 해 준다. 우리는 전기 덕분에 이동하고, 놀고, 다른 사람들과 연락하고, 정보를 얻고, 음식을 요리할 수 있다.

Electricity

우리는 일상생활에서 바람이나 석유, 우라늄의 에너지를 직접 사용하지 않는다. 자원을 변환시켜 얻은 에너지, 즉 전기나 휘발유 또는 가스의 에너지를 사용한다. 전기는 그중 가장 편리한 에너지다. 즉시 사용할 수 있고, 경유처럼 냄새가 나지도 않으며, 석탄처럼 주변을 더럽히지도 않고, (요금만 제대로 낸다면)무한한 것처럼 보인다. 전기는 열과 빛으로 변형되고 운동을 일으키며 여러 가지 유용한 기능을 수행하는 데 쓰인다. 전기의 유일한 단점은 저장하기 어렵다는 점이다.

전기는 자연적으로는 존재하지 않는 '최종' 에너지다(번개 에너지 개발 가능성은 없다. 적어도 현재는!). 전기를 생산하기 위해서는 석탄, 석유, 가스, 우라늄 같은 다른 에너지원을 소비해야 한다. 이 작업은 거대한 공장, 즉 발전소에서 이루어진다. 어떤 에너지원을 사용하든 발전을 할 때는 다량의 에너지가 열의 형태로 손실된다. 이 과정에서 이산화탄소나 핵 폐기물 같은 폐기물도 생성된다. 한편 하천의 흐름이나 바람, 태양, 바다의 조수에서 전기를 얻을 수도 있다. 이러한 에너지원은 재생 가능하며 폐기물도 조금밖에 나오지 않는다.

원자력 발전으로 생산되는 전기의 양은 굉장히 많다고도, 아주 적다고도 볼 수 있다. 모든 것은 어떤 관점에서 보느냐에 달렸다. 한국은 2013년 원자력 발전으로 전력을 약 14만 기가와트시 생산했다. 이는 전체 발전량의 27퍼센트 수준이다.

오염 물질 전기

전기 자체는 오염 물질이라고도, 오염 물질이 아니라고도 할 수 없다. 콘센트에 전등을 연결한다고 해서 바로 환경이 오염되는 것은 아니다. 하지만 전기를 생산하는 과정에서 공해가 발생한다. 광고에서는 전기 자동차나 전기 제트스키, 전기 비행기가 무척 좋다고 칭찬한다. 온실 효과를 줄일 수 있다고 자랑하면서 말이다. 실제로는 에너지를 낭비하면 어떤 에너지든 환경을 오염시킨다!

● 연관 키워드

알파, 베타, 감마 | **원자력의 대안** | 원자 | 베크렐 | 생물 축적 | 체르노빌 | 구름 | 오염 | 냉각수 | 크레용 | 마리 퀴리 | 철거 | 분열 | 도시미터(선량계) | 원자력 사고 등급 | 전기 | 농축 | 3세대 원자로 | 피폭 | 핵분열 | 후쿠시마 | 융해 | 가이거 계수기 | 4세대 원자로 | 온실 효과 | H가 필요한 사람들 | 히로시마 | 요오드 | **kWh(킬로와트시)** | 라 아그 재처리 공장 | 의학 요법 | 버섯 | 자연 방사능 | **원자력 발전소** | 핵 | 오펜하이머 | 원자력에 반대하는 사람들 | 플루토늄 | **환경오염** | 확산 | 방사선 방호 | 원자로 건물 | 시버트 | 소량 피폭 | 보관 | 공포의 균형 | 토카막 | 우라늄 | 유리화 | **폐기물** | 핵겨울 | 위험 제로

농축

자연 상태에는 우라늄이 부족하다. 더 정확히 말하자면 핵연료로 사용하는 우라늄235가 굉장히 적게 포함되어 있다. 자연에 고작 0.7퍼센트 정도밖에 없는 우라늄235는 연쇄 반응을 촉발하는 데 필요한 중성자를 발산할 수 있는 유일한 원소다.

Enrichment

현재 우리가 사용하는 원자로는 우라늄235가 3~4퍼센트 함유된 연료로 가동된다. 이러한 핵연료를 생산하기 위해서는 천연 우라늄을 농축시켜 우라늄235의 농도를 높여야 한다.

농축 우라늄을 만들기 위해서는 우선 동위 원소 분리 공장에서 우라늄 광물을 '육플루오린화우라늄'이라는 기체로 만들어야 한다. 이 기체를 고압에서 작은 구멍이 뚫린 막에 통과시키면 분자 질량이 가벼운 우라늄235만 구멍을 통과하여 모인다. 이렇게 해서 우라늄 알갱이와 핵 연료봉을 만든다. 농축 우라늄 1톤을 얻기 위해서는 천연 우라늄이 5~6톤 필요하다.

전 세계에 우라늄 농축 시설을 보유한 국가는 몇 되지 않는다. 농축 우라늄이 원자력 발전 이외의 용도로 쓰일 수 있기 때문이다.

농축 우라늄을 생산하는 과정에서 대량의 열화 우라늄이 부산물로 생성된다. 열화 우라늄은 매우 치밀하고 단단한 동시에 쉽게 불에 타서 포탄을 제조하는 데 사용한다. 이렇게 제조된 열화 우라늄탄은 폭발한 뒤에도 약한 방사능으로 땅을 오염시킨다.

또한 농축 우라늄은 원자력 추진 잠수함의 연료로 쓰인다. 잠수함 연료로 쓰기 위해서는 우라늄235가 20퍼센트 이상 포함된

'고농축' 우라늄이어야 한다. 한편 80퍼센트 이상 농축하면 원자 폭탄에 사용할 수 있는 우라늄이 된다.

많은 국가가 핵무기를 보유하려고 애쓰는 만큼 우라늄 농축은 정치적인 문제가 되었다. 예를 들어 이란은 민간 핵 개발 프로그램을 전개하고 이를 위해 우라늄 농축 공장을 건설했다. 하지만 여러 서방 국가는 건설의 목적이 원자 폭탄을 제조하기 위한 것이라고 보아 외교 마찰이 일어났다. 파키스탄, 인도, 이스라엘 등이 이미 그렇게 수소 폭탄을 만들었기 때문이다.

현재 한국은 핵무기 확산을 방지하는 한미 원자력 협정에 따라 우라늄 농축을 할 수 없다. 따라서 매년 약 500톤의 농축 우라늄을 전량 해외에서 수입한다. 농축 우라늄을 수입하는 한 원자력 발전으로 전기를 자급자족할 수는 없는 셈이다.

● **연관 키워드**

알파, 베타, 감마 | 원자력의 대안 | 원자 | 베크렐 | 생물 축적 | 체르노빌 | 구름 | 오염 | 냉각수 | 크레용 | 마리 퀴리 | 철거 | 분열 | 도시미터(선량계) | 원자력 사고 등급 | 전기 | 농축 | 3세대 원자로 | 피폭 | 핵분열 | 후쿠시마 | 융해 | 가이거 계수기 | **4세대 원자로** | 온실 효과 | H가 필요한 사람들 | 히로시마 | 요오드 | kWh(킬로와트시) | 라 아그 재처리 공장 | 의학 요법 | 버섯 | 자연 방사능 | 원자력 발전소 | 핵 | 오펜하이머 | **원자력에 반대하는 사람들** | 플루토늄 | 환경오염 | **확산** | 방사선 방호 | 원자로 건물 | 시버트 | 소량 피폭 | 보관 | 공포의 균형 | 토카막 | **우라늄** | 유리화 | 폐기물 | 핵겨울 | 위험 제로

3세대 원자로

원자력 발전의 위험성을 줄이기 위해 과학자들은 원자로 개발에 힘쓰고 있다. 이러한 노력 덕분에 원자로는 계속 진화하고 있다. 3세대 원자로 EPR도 그 노력의 산물이다.

EPR

원자로란 원자력 발전소에서 핵분열 시 발생하는 열에너지를 실생활에 사용하는 전기로 만드는 장치다. 사고가 일어난 후쿠시마 원자력 발전소에서 사용했던 원자로는 '가압수형 원자로(PWR, Pressurized-Water Reactor)'다. 세계에서 가장 많이 사용하는 원자로로, 냉각재에 높은 압력을 가해 온도를 유지하는 방식으로 전기를 생산한다. 1970년대에 개발되어 1977년부터 2002년까지 건설된 2세대 원자로에 속한다.

EPR(European Pressurised Reactor)은 3세대 원자로라고 일컬어지는 '유럽형 가압 경수로'다. 아레바라는 프랑스 국영 기업이 주도하여 전 세계 각지에서 오래된 원자로를 점차 EPR로 교체하고 있다.

EPR은 앞 세대의 수압식 원자로와 같은 원리에 따라 고안되었지만 힘이 강해서 효율이 좋다. 5퍼센트 농축 우라늄이나 혼합 핵연료를 사용하고, 1,600메가와트의 전력을 공급할 수 있어 현재 사용하는 원자로보다 우수하다. 특히 이중 콘크리트 차폐벽과 노심에 사고로 융해가 발생하는 경우 핵연료를 보관할 수 있는 보조 냉각 수조가 있어 안전하다.

아레바는 핀란드 올키루오토와 중국에 EPR을 건설하고 있다.

영국, 미국, 인도 등 다른 나라에도 20여 기를 세울 예정이었다. 그러나 아레바의 판매 결과는 예상보다 저조했고, 후쿠시마 원전 사고 이후 상황은 더 나빠졌다. 게다가 핀란드와 프랑스에서 현재 진행 중인 공사가 계속 지연되면서 진행 비용이 대단히 높아졌다. 반핵 운동가들은 EPR을 건설하는 것에 반대하고 있다. EPR은 언젠가 4세대 원자로 시대가 오면 사라질 운명이기 때문이다.

피폭

Exposure

피폭이란 전리 방사선에 노출되는 것을 말한다. '전리'란 전기적 성질을 띠게 되는 현상이다. 왜 피폭의 기준이 방사능이 아니라 전리일까? 간단히 말하자면 엑스선처럼 방사성 원소에서 발산되지 않는데도 전리 작용을 하는 방사선이 있기 때문이다.

Exposure

　전리 방사선은 원자에서 전자를 빼낸다. 원자는 전자를 잃으면 자극을 받아 활동성이 높아진다. 살아 있는 세포에 있는 원자의 활동성이 커지면 건강에 이상이 생긴다. 아주 강력한 방사선을 쬐면 세포는 즉사하고, 그보다 약한 강도라면 세포가 죽지는 않지만 DNA 같은 주요 요소가 파괴된다. 소화관이나 혈액 세포, 피부같이 자주 분화하는 활발한 세포가 방사선에 특히 민감하다.

　한편 강도가 약한 방사선은 장기간에 걸쳐 영향을 미친다. 만약 영향을 받은 유전자가 세포 분열을 조작한다면 방사선이 암세포를 유발할 수도 있다. 히로시마와 나가사키 원폭의 희생자들은 평균 7년 뒤에 백혈병이 발병했고, 최소 10년에서 최대 35년에 걸쳐 갖가지 암에 걸렸다. 방사선은 돌연변이를 만들어 유전병을 유발할 수 있다. 그러나 아직 히로시마에서 그러한 현상은 관찰되지 않았다.

　방사성 원소가 체내에 존재하면 피폭이 계속된다. 방사성 먼지를 호흡하거나 오염된 음식을 먹으면 방사성 원소가 몸속으로 들어간다. 그러면 장기가 방사성 원소를 흡수하여 정상 원소를 대체한다. 요오드131이 바로 이러한 과정을 통해 갑상샘 암을 일으킨다. 세슘137도 마찬가지로 먹이사슬을 따라 이동하는 데, 세슘이 포타슘(칼륨) 자리에 쉽게 섞여 들어가기 때문이다. 세슘137은 체르노빌과 후쿠시마 원전에서 뿜어져 나온 연기에 가장 많이 포함된 원소다. 반감기가 30년이어서 세슘137에 오염된 지역은 수 세기 동안 위험이 계속된다.

현대적 독살

2006년 러시아 연방보안국 소속 중령이었던 알렉산드르 리트비넨코가 폴로늄210에 중독되어 사망했다. 폴로늄210은 독성과 방사능이 강력한 화학 물질로, 러시아 원자로에서 나온 것으로 추측되었다. 리트비넨코는 푸틴 대통령에게 반대하는 뜻을 밝혔다가 신상에 위협을 느껴 런던으로 망명한 참이었다. 하지만 러시아를 떠나는 정도로는 스스로를 보호하기에 역부족이었다.

● **연관 키워드**

알파, 베타, 감마 | 원자력의 대안 | 원자 | 베크렐 | 생물 축적 | **체르노빌** | 구름 | **오염** | 냉각수 | 크레용 | 마리 퀴리 | 철거 | 분열 | 도시미터(선량계) | 원자력 사고 등급 | 전기 | 농축 | 3세대 원자로 | 피폭 | 핵분열 | **후쿠시마** | 융해 | 가이거 계수기 | 4세대 원자로 | 온실 효과 | H가 필요한 사람들 | **히로시마** | **요오드** | kWh(킬로와트시) | 라 아그 재처리 공장 | **의학 요법** | 버섯 | 자연 방사능 | 원자력 발전소 | 핵 | 오펜하이머 | **원자력에 반대하는 사람들** | 플루토늄 | 환경오염 | 확산 | 방사선 방호 | 원자로 건물 | 시버트 | 소량 피폭 | 보관 | 공포의 균형 | 토카막 | 우라늄 | 유리화 | 폐기물 | 핵겨울 | 위험 제로

핵분열

핵분열은 원자핵 하나가 더 작은 핵 2개로 나뉘는 것이다. 이 현상이 자연적으로 일어나는 경우는 매우 드물지만 중성자로 핵에 충격을 가하면 핵분열을 일으킬 수 있다. 핵은 분열하며 새로운 중성자와 대규모 에너지를 방출한다.

Fission

우라늄235가 핵분열하면 크립톤과 바륨이라는 두 원소로 나뉘는데, 이들 역시 방사능을 띤다. 그와 동시에 중성자 3개와 열이 방출된다.

핵분열로 방출된 중성자 가까이에 우라늄235나 우라늄238 같은 다른 원자가 있으면 새로운 핵분열이 일어나고, 다시 중성자를 방출하며 반응을 유지한다. 만약 방출된 중성자의 수가 흡수된 중성자의 수와 같으면 반응이 안정된다. 원자력 발전소에서는 이때 발산된 열을 이용해 터빈을 돌려 전기를 생산한다.

자연적으로 핵분열을 하는 물질은 별로 없다. 핵분열이 가능한 원자를 핵분열성 물질이라고 하는데 핵분열성 물질에는 우라늄238, 플루토늄, 아메리슘, 퀴리움과 악티늄족 원소들이 있다. 핵분열성 물질은 방사능이 매우 강해서 현재의 발전소에서는 대부분 사용할 수 없다. 하지만 원자력 산업 폐기물에는 이 원소들이 포함되어 있다.

원자로에는 일정한 양, 즉 임계량의 핵분열성 물질이 들어 있어야 한다. 그보다 적어지면 중성자가 부족해서 반응이 멈춘다. 원자 폭탄도 마찬가지다. 아주 작은 원자 폭탄을 만들 수 없는 이유가 바로 이것이다. 원자 폭탄에서 핵분열 연쇄 반응을 일으키려면 우라늄235가 5~20킬로그램 정도 필요하다. 게다가 핵폭발을 유도하는 기폭 장치도 설치해야 한다. 따라서 우라늄 원자폭탄의 경우 아무리 가볍게 만들어도 무게가 50킬로그램이 넘는다. 물론 이 무게는 원자 폭탄의 파괴력에 비하면 가벼울지도 모른다.

후쿠시마

Fukushima

2011년 3월 11일, 지진이 일어나 일본 해안에 쓰나미가 몰려왔다. 지진과 해일이 도시를 덮치면서 후쿠시마 원자력 발전소 원자로 3기의 냉각 장치가 갑자기 정지했다.

Fukushima

후쿠시마 원자력 발전소 원자로의 냉각 장치가 정지하자 핵연료의 온도가 빠르게 상승했다. 그 결과 수소가 대량 배출되어 폭발이 일어났다.

방사성 가스와 먼지가 섞인 연기가 빠져나와 사방 수십 킬로미터가 요오드131과 세슘137로 오염되었다. 엔지니어가 바닷물로 원자로 냉각을 시도했지만 온도는 떨어지지 않고 바닷물만 오염되었다.

후쿠시마를 덮친 거대한 쓰나미로 2만여 명이 목숨을 잃었지만 원자력 사고 자체로 인한 사상자는 몇 명뿐이었다. 하지만 더 큰 문제는 피폭이었다. 수십 명이 100밀리시버트가 넘는 방사선에 노출되고 말았다.

후쿠시마 지역에는 인구가 매우 많아서 피해가 심각했다. 주민 다수가 최대 허용량을 넘어서는 방사능에 노출되었다. 일본 당국은 원자력 발전소 주변 20킬로미터 내 주민 10만 명 이상에게 대피 명령을 내렸다.

재난이 발생하고 1년 뒤, 지역마다 토양의 방사능 오염 정도는 달랐지만 원자력 발전소에서 50킬로미터나 떨어져 있는 곳에서도 이전 상태로 돌아갈 수 없는 '핫 스폿'이 발견되었다. 발전소 주변 지역에서 재배한 농산물의 판매는 금지되었다. 하지만 오염 지대가 흩어져 있었기 때문에 방사능에 오염된 식료품이 시장에서 유통되기도 했다. 수산물도 마찬가지였다.

제염 대상이 된 지역의 면적은 1만 3,000제곱킬로미터로 일본 전체 국토의 약 3퍼센트에 해당하는 넓이였다. 이 말은 제염을 하면 낮은 수준의 방사성 폐기물이 산처럼 쌓일 만큼 나온다는 뜻이다. 후쿠시마 지역 주민들은 사고로 건강에 어떤 영향이 나타날지 줄곧 근심하며 살아가고 있다.

가동을 중단한 원자력 발전소를 해체하는 데는 30년에서 40년이 걸린다. 하지만 노심이 완전히 회수되기 전에 또다시 지진

다른 나라에서 본 후쿠시마 원전 사고

후쿠시마 원전 사고는 현대적인 발전소에서 일어났다. 체르노빌 발전소처럼 노후한 발전소에서 일어난 것이 아니었다. 이 사고를 계기로 원자력 산업의 안전성 논란에 다시 불이 붙었다.

독일 정부는 2022년까지 원자력을 사용한 전기 생산을 그만두기로 결정했다. 이탈리아, 벨기에, 스위스는 새로운 발전소 건설을 중지했다. 하지만 중국은 건설 계획을 늦추기만 하고 멈추지는 않았다. 러시아와 프랑스를 포함한 일부 국가는 계획을 수정하지 않았다.

이 일어나 방사성 먼지가 퍼져나갈지도 모른다. 일본은 지진이 자주 일어나는 지역이니 말이다.

후쿠시마 원전 사고를 계기로 일본의 다른 원자력 발전소들도 점차 가동이 중단되었다. 또한 원자력 발전의 공백을 메꾸기 위해 수력 발전을 다시 시작하고 전력 소비를 줄여야 했다. 하지만 결국 일본 정부는 원자력 발전을 계속하기로 결정했다.

●**연관 키워드**

알파, 베타, 감마 | 원자력의 대안 | 원자 | 베크렐 | **생물 축적** | **체르노빌** | **구름** | **오염** | 냉각수 | 크레용 | 마리 퀴리 | **철거** | 분열 | 도시미터(선량계) | **원자력 사고 등급** | 전기 | 농축 | 3세대 원자로 | 피폭 | 핵 분열 | 후쿠시마 | 융해 | 가이거 계수기 | 4세대 원자로 | 온실 효과 | H가 필요한 사람들 | 히로시마 | 요오 드 | kWh(킬로와트시) | 라 아그 재처리 공장 | 의학 요법 | 버섯 | 자연 방사능 | **원자력 발전소** | 핵 | 오 펜하이머 | **원자력에 반대하는 사람들** | 플루토늄 | 환경오염 | 확산 | 방사선 방호 | **원자로 건물** | 시버 트 | 소량 피폭 | 보관 | 공포의 균형 | 토카막 | 우라늄 | 유리화 | 폐기물 | 핵겨울 | 위험 제로

융해

융합과 융해를 헷갈리지 않도록 주의하자! 좀 더 정확히 말하면 열핵 융합과 원자로 노심 융해를 구분해야 한다.

Fusion

융합과 융해는 모두 어떤 물질이 녹는 현상을 가리키지만 원자력 산업에서는 전혀 다른 의미로 쓰인다. 원자력 산업에서 융합이란 한 원자핵이 다른 원자핵이나 입자와 합쳐져 하나의 원자핵이 되는 것을 뜻한다. 대표적으로 열핵융합이 있는데, 열핵융합은 태양에서 계속 일어난다. 핵융합 반응 덕분에 우리는 태양의 빛과 열을 누릴 수 있고 언젠가 이를 이용해 막대한 에너지를 생산하게 될지도 모른다.

노심 용융물 퐁듀
농축 우라늄 연료봉 100개, 끓는 물을 담은 원자로 하나,
붕소 약간, 인간의 잘못 크게 한 스푼

열핵융합은 두 원자핵이 서로 가까워졌을 때 일어난다. 원자핵은 원래 서로 밀어내는 경향이 있다. 핵을 둘러싸고 있는 전자 때문이다. 하지만 태양 중심부는 압력과 온도가 굉장히 높아서 (무려 1,500만 도!) 수소 원자핵들이 융합하여 헬륨 원자핵을 형성한다. 이 핵융합으로 어마어마한 열이 발생하며 그중 일부가 지구에 도달하는 것이다. 현재 물리학자들은 태양에서 일어나는 융합을 구현하는 실험을 하고 있다. '토카막'이라고 부르는 핵융합 장치 내부에 강한 전자기장을 이용해 수소 원자를 가두고 핵융합을 유도하는 것이다.

사람들은 핵융합을 통해 에너지를 생산할 날을 기대하고 있다. 이것이 바로 국제 핵융합 실험로(ITER, International Thermonuclear Experimental Reactor) 프로젝트다. 현재 우리가 알고 있는 유일한 핵융합 실현 방법은 수소 폭탄뿐이다.

한편 융해란 고체 물질이 에너지를 흡수해 액체로 변화하는 현상이다. 원자력 산업에서는 핵분열이 예상대로 이루어지지 않았을 때, 즉 원자력 사고 등급 기준 5등급 이상의 사고가 발생했을 때 일어난다. 예를 들어 냉각이 충분히 되지 않으면 핵분열 연쇄 반응이 폭주하여 온도가 급속히 올라가고, 결국 노심 융해에 이르게 된다. 그러면 핵연료가 녹아 액체 상태의 노심 용융물이 된다. 이 액체는 부식성이 강해 중심부의 원자로 용기를 파괴하고 차폐 구역의 콘크리트 벽을 뚫고 나갈 수 있다.

이러한 상황이 벌어지면 방사능 덩어리가 암반에 직접 닿아

지하로 파고 들어간다. 이것을 '차이나 신드롬'이라고 한다. 원자로의 열이 지구 반대편에 있는 중국까지 뚫고 나갈 것이라 생각하여 서양인들이 붙인 이름이다. 차이나 신드롬은 굉장히 심각한 결과를 일으킬 수 있는 상황이어서 EPR에는 노심 용융물을 담아 두기 위한 콘크리트 용기가 설계되어 있다.

● 연관 키워드

알파, 베타, 감마 | 원자력의 대안 | 원자 | 베크렐 | **생물 축적** | **체르노빌** | **구름** | **오염** | 냉각수 | 크레용 | 마리 퀴리 | **철거** | 분열 | 도시미터(선량계) | **원자력 사고 등급** | 전기 | 농축 | 3세대 원자로 | 피폭 | 핵분열 | 후쿠시마 | 융해 | 가이거 계수기 | 4세대 원자로 | 온실 효과 | H가 필요한 사람들 | 히로시마 | 요오드 | kWh(킬로와트시) | 라 아그 재처리 공장 | 의학 요법 | 버섯 | 자연 방사능 | **원자력 발전소** | 핵 | 오펜하이머 | **원자력에 반대하는 사람들** | 플루토늄 | 환경오염 | 확산 | 방사선 방호 | **원자로 건물** | 시버트 | 소량 피폭 | 보관 | 공포의 균형 | 토카막 | 우라늄 | 유리화 | 폐기물 | 핵겨울 | 위험 제로

가이거 계수기

요하네스 빌헬름 가이거는 독일의 물리학자다. 가이거는 1928년 동료 발터 뮐러와 함께 전리 방사선을 측정할 수 있는 장치를 개발했다. 이 장치가 바로 '가이거 계수기'다.

Geiger counter

가이거 계수기는 방사선 검출기다. 알파, 베타, 감마선을 비롯해 엑스선에도 민감하게 반응하지만 방사선의 종류를 구분하지 못한다. 또한 가이거 계수기로는 중성자 방출을 측정할 수 없다. 중성자는 직접적으로 전리 작용을 일으키지 않는데 가이거 계수기는 전리 작용을 이용해 방사선을 검출하기 때문이다. 핵분열이 일어나면 계수기의 장치가 작동되어 '따닥따닥'하는 소리가 들리고 글자판에는 방사능의 세기가 표시된다.

가이거 계수기로 비행기를 타거나 방사성 핵종을 이용해 의학적 치료를 할 때 받는 방사선을 측정할 수 있다. 또한 오래된 자명종 바늘에 들어 있는 라듐이나 역청 우라늄 광석 조각에 포함된 우라늄, 원자력 발전소에서 바다로 버려진 폐기물 속의 3중 수소 등을 찾아낼 수 있다.

그러나 몇몇 자연 방사선과 인공 방사선은 가이거 계수기로 측정할 수 없다. 예를 들어 화강암으로 지어진 집 지하실에는 방사성 기체인 라돈이 많이 차 있지만 여기에서 나오는 방사선은 가이거 계수기에 탐지되지 않는다. 일반적인 가이거 계수기는 방사선이 아주 약하면 민감도가 떨어져서 잡아 내지 못하고, 방사선이 아주 강하면 측정 한계를 넘어 버린다. 간단히 말해서 이 장치는 방사능의 근원지를 확인하는 데는 유용하지만 전문가의 측정을 대체할 수는 없다. 후쿠시마 원전 사고 이후 가이거 계수기 제조 회사에는 인터넷 주문이 넘쳐났다.

현대적인 세계는 원자력을 사용한다?

사람들이 아직 방사능의 위험을 인식하지 못했을 때, 방사능은 종종 광고 문구에 사용되었다. 이것만 사용하면 누구나 세련될 수 있다는 것처럼 말이다! 그래서 회중시계 바늘에는 어둠 속에서 반짝이는 라듐을 넣었고, 피뢰침은 초우라늄 원소인 아메리슘으로 만들었다. 아메리슘 피뢰침은 1980년경 생산이 중단되었지만 주변을 방사능으로 오염시키고 있을지 모르는 그 피뢰침들을 여전히 지붕 위에서 찾아볼 수 있다.

● 연관 키워드

알파, 베타, 감마 | 원자력의 대안 | 원자 | 베크렐 | 생물 축적 | 체르노빌 | 구름 | 오염 | 냉각수 | 크레용 | 마리 퀴리 | 철거 | 분열 | **도시미터(선량계)** | 원자력 사고 등급 | 전기 | 농축 | 3세대 원자로 | 피폭 | 핵분열 | **후쿠시마** | 융해 | 가이거 계수기 | 4세대 원자로 | 온실 효과 | H가 필요한 사람들 | 히로시마 | 요오드 | kWh(킬로와트시) | 라 아그 재처리 공장 | **의학 요법** | 버섯 | 자연 방사능 | 원자력 발전소 | 핵 | 오펜하이머 | 원자력에 반대하는 사람들 | 플루토늄 | 환경오염 | 확산 | 방사선 방호 | 원자로 건물 | 시버트 | 소량 피폭 | 보관 | 공포의 균형 | 토카막 | 우라늄 | 유리화 | 폐기물 | 핵겨울 | 위험 제로

4세대 원자로

현재 우리가 사용하는 원자로는 큰 문제없이 전기를 생산해 왔다. 하지만 수면 위로 드러나지 않은 몇 가지 결점이 있다. 현재의 원자로는 우라늄을 활용하는데 우라늄 매장량에는 한계가 있다는 점과 방사성 폐기물이 끊임없이 축적되고 있다는 점이다.

Gen IV

기술자들은 약 50년 전부터 현재 사용하는 원자로의 단점을 해결할 수 있는 새로운 원자로를 개발하고자 했다. 원자력 산업가들은 국제적인 차원에서 협력하여 4세대 원자로를 개발하기 위한 여러 가지 방안을 모색했다. 이렇게 해서 만들어진 단체가 바로 '4세대 원자로 국제포럼(GIF, Generation IV International Forum)'이라는 국제기구다. 한국, 미국, 프랑스, 스위스, 캐나다, 중국, 러시아 등이 참여했다.

주요 원전국인 프랑스에서는 용융염로(MSR, Molten Salt Reactor)와 소듐 냉각 고속 원자로(SFR, Sodium Fast Reactor)에 연구가 집중되었다. 용융염로는 고체가 아닌 매우 높은 온도의 액체 연료를 사용하여 전기를 생산하는 원자로다. 하지만 이 방식은 완전히 새로운 원리에 따른 것이어서, 산업적으로 활용하기 위해서는 모든 것을 기초부터 새로 연구해야 한다. 반면 소듐 냉각 고속 원자로는 물이 아닌 액체 소듐으로 증기를 발생시켜 전기를 생산하는 원자로다. 소듐 냉각 고속 원자로 연구에서는 쉬페르페닉스 발전소에서 얻은 경험을 유용하게 살릴 수 있다.

쉬페르페닉스 발전소는 1985년 프랑스에서 운영을 개시했으나 산발적으로만 가동되다가 1998년 완전히 가동을 멈추었다.

쉬페르페닉스 원자로는 고속 증식 원자로(Fast Breeder Reactor)다. '증식'이라는 이름이 붙은 이유는 소비하는 양보다 더 많은 연료를 생산하기 때문이다!

고속 증식 원자로에서는 플루토늄을 연료로 이용한다. 플루토늄은 일반 원자로에서 사용하고 나온 폐연료에 들어 있는 감손 우라늄에서 생성된다. 따라서 고속 증식 원자로를 이용하면 사용한 핵연료를 처리할 때 나오는 감손 우라늄을 전부 재활용할 수 있다. 그뿐만 아니라 방사성 폐기물 일부를 방사성이 없는 원소로 전환할 수도 있다.

고속 증식 원자로 기술의 중대한 문제점은 플루토늄이 대량 생성된다는 것이다. 플루토늄은 방사능이 강한 동시에 독성도 대단히 강하다. 만약 사고가 일어나 플루토늄이 외부로 퍼져 나가기라도 한다면 체르노빌이나 후쿠시마 사고보다 더 심각한 재앙이 일어날 것이다.

게다가 고속 증식 원자로의 냉각 장치는 기본적으로 물이 아니라 액체 소듐을 사용하는데, 소듐은 제어하기 까다로운 원소다. 공기와 접촉하면 저절로 불이 붙고 물과 접촉하면 폭발하기 때문이다. 쉬페르페닉스 발전소는 건설 도중 수많은 기술적 난관에 맞닥뜨렸고 원자로 건설 비용은 굉장히 높아졌다.

한국은 포럼에서 지정한 6개 유망 원자로 중 소듐 냉각 고속로, 초고온 가스로(VHTR, Very High Temperature Reactor)를 개발하고 있다. 하지만 4세대 원자로 가동은 2040년 이후에나 가능할 것으로 예상된다.

4세대 원자로 연구는 활발히 진행되고 있지만 상용화 여부는 미지수다. 기술적 문제와 안전성에 대한 의문이 해결될 날이 아직 멀었기 때문이다. 더구나 과거에 일어난 원전 사고들을 생각해 볼 때, 우리 사회가 원자력 산업의 새로운 모험을 받아들일 준비가 되었는지는 결코 장담할 수 없다.

온실 효과

석탄, 석유, 가스를 소비하는 발전소에 비해 원자력 발전소에는 큰 이점이 있다. 바로 이산화탄소가 거의 발생하지 않는다는 사실이다. 이산화탄소는 오늘날 우리 지구가 겪고 있는 온난화의 주범이다.

이산화탄소는 지구가 우주로 발산하는 열을 일부 흡수한다. 흡수한 열은 대기를 데워 자연적 온실 효과를 일으킨다. 온실 효과 덕분에 지구에 사는 우리는 평균 15도라는 선선한 기온을 누릴 수 있다. 이 현상이 없으면 지구의 기온은 평균 영하 18도가 될 것이다! 하지만 오늘날 인간의 활동, 특히 석유와 석탄 소비 때문에 수백만 톤의 이산화탄소가 배출되어 온실 효과가 심화

되고 있다.

원자력 발전소는 탄소가 주성분인 화석 연료를 소비하지 않기 때문에 종종 지구 온난화에 대항할 수단으로 소개된다. 하지만 원자력 산업 전반을 고려해 보면 그렇지 않다. 발전소를 건설할 때 이산화탄소가 배출되기 때문이다. 우라늄을 추출할 때도 마찬가지다. 결국 원자력 발전소는 수력 발전 댐이나 풍력 발전보다 많은 이산화탄소를 배출하는 셈이다. 화석 연료를 사용하는 발전소와 비교하면 무척 적은 양이지만 말이다.

원자력 발전을 늘리면 이산화탄소 배출을 줄일 수 있다. 그러나 원자력 발전소에서 나오는 전기는 우리에게 필요한 에너지의 일부일 뿐이다. 교통수단은 대부분 석유에 의존하고 있고, 전기는 원자력 발전으로 생산되든 아니든 부차적인 역할만 맡고 있다.

온실 효과는 세계적인 문제다. 따라서 세계적인 관점에서 다양한 에너지 생산 방식의 유리한 점과 불리한 점을 검토해야 한다.

●연관 키워드

알파, 베타, 감마 | **원자력의 대안** | 원자 | 베크렐 | 생물 축적 | 체르노빌 | 구름 | 오염 | 냉각수 | 크레용 | 마리 퀴리 | 철거 | 분열 | 도시미터(선량계) | 원자력 사고 등급 | **전기** | **농축** | 3세대 원자로 | 피폭 | 핵분열 | 후쿠시마 | 융해 | 가이거 계수기 | 4세대 원자로 | 온실 효과 | H가 필요한 사람들 | 히로시마 | 요오드 | kWh(킬로와트시) | 라 아그 재처리 공장 | 의학 요법 | 버섯 | 자연 방사능 | 원자력 발전소 | 핵 | 오펜하이머 | 원자력에 반대하는 사람들 | 플루토늄 | **환경오염** | 확산 | 방사선 방호 | 원자로 건물 | 시버트 | 소량 피폭 | 보관 | 공포의 균형 | 토카막 | 우라늄 | 유리화 | 폐기물 | 핵겨울 | 위험 제로

H가
필요한 사람들

A 폭탄, 즉 원자 폭탄은 우라늄235와 플루토늄239에서 나오는 핵분열 에너지를 이용하는 폭탄이다. 한편 H 폭탄, 즉 수소 폭탄은 핵융합 에너지를 활용한다.

수소 폭탄이 폭발하려면 원자 폭탄이 필요하다. 원자 폭탄만이 수소를 융합하는 데 필요한 에너지를 만들어 낼 수 있기 때문이다. 수소 폭탄은 원자가 높은 온도에서 융합할 때 방출되는 거대한 에너지를 이용한 폭탄이다.

무기로 사용된 최초의 원자 폭탄은 1945년 히로시마와 나가사키에 투하된 폭탄이다. 원자 폭탄의 위력은 TNT 수 킬로톤에서 수 메가톤 급으로 추정된다. TNT란 제1차 세계 대전 중 개발된 폭탄으로 폭발 에너지를 표시하는 단위로 사용된다. 히로시마에 투하된 폭탄의 위력은 15킬로톤, 즉 TNT 1만 5,000톤을 터뜨리는 것과 같은 정도다. 이제까지 실험한 것 중 가장 강력한 수소 폭탄의 위력은 50메가톤, 즉 TNT 5,000만 톤을 터뜨리는 것에 육박하며, 히로시마 폭탄보다 3,300배 강하다. 전쟁 중에 수소 폭탄이 사용된 적은 한 번도 없다.

1950년대부터 미국, 소련, 프랑스, 영국은 어마어마한 양의 폭탄을 생산했다. 이에 따라 핵전쟁이 일어날 가능성이 높아졌고, 전쟁이 불러올 결과에 전 세계가 극도로 불안에 떨었다. 핵을 보유한 강대국은 핵무기 감축을 목표로 일련의 협정에 서명했다. 1972년과 1979년에 맺은 전략 무기 제한 협정(SALT, Strategic

Arms Limitation Talks)과 2002년 체결한 전략 공격 무기 삭감 조약(SORT, Strategic Offensive Reductions Treaty)이 그 예다.

이러한 협정 덕분에 무기고의 무기는 줄어들었지만 핵무기를 보유한 국가들은 계속해서 무기를 현대화했다. 실제로 폭탄을 터트리는 시도를 하지 않는데도 말이다. 군사 기술자들은 다른 형태의 폭탄을 개발했다. 예를 들어 1977년 미국은 에너지가 주로 중성자의 형태로 발산되는 중성자탄을 발명했다. 중성자탄은 원자 폭탄이나 수소 폭탄보다 폭발 자체의 영향은 약하지만 생물에 매우 해로운 중성자선이 강력하게 방출되어 두터운 방호벽으로도 막을 수 없다.

현재는 5개 국가가 총 2만 두의 핵무기를 보유하고 있다. 그중 97퍼센트가 미국과 러시아 소유로, 히로시마를 파괴한 폭탄 30만 개에 해당하는 위력의 무기나. 프랑스는 잠수함에서 비행기 장착용까지 348두를 보유하고 있다. 게다가 중국, 인도, 파키스탄, 이스라엘, 북한 등 새로운 나라들도 핵무기를 갖추었다. 이란이나 브라질은 핵무기 보유나 제작을 노리고 있다.

히로시마

Hiroshima

1945년 8월 6일, 미국 폭격기가 일본의 히로시마에 원자 폭탄을 투하했다. 히로시마 전체가 초토화되었고 7만 5,000명이 목숨을 잃었다.

Hiroshima

히로시마에 원자 폭탄이 투하되고 몇 주 동안 수만 명이 부상이나 피폭으로 서서히 죽어 갔다. 희생자의 수는 20만 명에 가까운 것으로 추정된다. 8월 9일, 두 번째 폭탄이 나가사키에 투하되었고 거의 비슷한 수의 희생자가 나왔다.

원자 폭탄이 실제로 사용된 것은 히로시마에서가 처음이었다. 미국은 1940년대부터 맨해튼 프로젝트라는 계획을 세우고 원자 폭탄을 개발했다. 미국의 목적은 원자 폭탄으로 일본이 적대 행위를 멈추도록 압박하는 것이었다. 제2차 세계 대전을 일으킨 세 국가 중 독일과 이탈리아는 석 달 전에 이미 항복했고 일본만이 혼자서 싸움을 하고 있는 상황이었다. 그러나 어떤 역사학자들은 미국이 일본이 아닌 다른 나라, 특히 소련에 군사적 위력을 과시할 목적으로 원자 폭탄을 개발했다고 주장한다.

원자 폭탄이 실제로 사용되었다는 사실에 전 세계는 충격을 받았다. 원자 폭탄은 '대량 살상 무기'라는 개념을 만들었다. 대량 살상 무기란 짧은 시간에 많은 사람을 살상할 수 있는 무기를 말한다. 원자 폭탄은 크기를 줄일 수 없어서 전장에서 사용할 수 없다. 이것은 민간인을 죽이는 것이 목적인 무기, 무엇보다도 대도시를 위협하는 무기지 적의 군대가 대상인 무기가 아니다.

원자 폭탄이 두려운 이유는 그 영향이 폭탄이 터지고 나서도 수십 년 동안 이어진다는 사실 때문이다. 원자 폭탄에서 나온 방사선은 암을 유발한다. 히로시마와 나가사키는 여전히 우리에게 핵전쟁의 공포를 떠올리게 하는 상징으로 남아 있다.

●연관 키워드

알파, 베타, 감마 | 원자력의 대안 | 원자 | 베크렐 | **생물 축적** | 체르노빌 | 구름 | 오염 | 냉각수 | 크레용 | 마리 퀴리 | 철거 | 분열 | 도시미터(선량계) | 원자력 사고 등급 | 전기 | 농축 | 3세대 원자로 | **피폭** | 핵분열 | 후쿠시마 | 융해 | 가이거 계수기 | 4세대 원자로 | 온실 효과 | **H가 필요한 사람들** | 히로시마 | 요오드 | kWh(킬로와트시) | 라 아그 재처리 공장 | 의학 요법 | 버섯 | 자연 방사능 | 원자력 발전소 | 핵 | **오펜하이머** | **원자력에 반대하는 사람들** | 플루토늄 | 환경오염 | **확산** | 방사선 방호 | 원자로 건물 | 시버트 | 소량 피폭 | 보관 | **공포의 균형** | 토카막 | 우라늄 | 유리화 | 폐기물 | **핵겨울** | 위험 제로

요오드

Iodine

요오드는 인간의 장기 내에서 필수적인 역할을 하는 화학 원소다. 요오드는 갑상샘 호르몬을 구성하는 성분 중 하나로 갑상샘 호르몬은 다양한 세포 기능에 관여한다.

Iodine

요오드는 우리가 먹는 음식에 극히 소량 존재하며, 날마다 갑상샘에서 호르몬 생성을 위해 흡수된다. 이 작용은 특히 어린이에게 활발히 일어난다.

요오드가 원자력과 어떤 관계가 있느냐고? 요오드는 우라늄이 핵분열을 일으킬 때 만들어지는 물질로, 동위 원소131의 형태로 나타난다. 자연에 존재하는 요오드127과 달리 요오드131은 세포의 DNA를 파괴하고 암세포로 변형시키는 방사능을 방출한다.

원자력 발전소에 중대한 사고가 발생하면 요오드131이 대기 중으로 방출된다. 체르노빌과 후쿠시마에서도 같은 일이 일어났다. 요오드131은 휘발성이 무척 강해 바람을 타고 아주 먼 거리까지 이동할 수 있다. 따라서 사고 지역에서 멀리 떨어져 있어도 방사성 먼지를 들이마시거나 방사성 먼지가 앉은 음식물을 먹게 될 위험이 있다. 요오드131은 자연에 존재하는 보통의 요오드와 똑같이 소화 기관을 지나 혈액에 퍼진다. 갑상샘 역시 같은 방식으로 요오드131을 이용한다. 이렇게 해서 방사성 요오드는 세포 내부에 자리를 잡고 중대한 피해를 일으킨다.

요오드는 원자력 사고가 일어나면 퍼지는 위험한 원소들 중 하나다. 방사성 요오드는 어린이에게 특히 위험한데, 어린이는 성인에 비해 방사능에 20배 정도 취약하다. 후쿠시마 원전 사고 이후 일본에서 갑상샘 암에 걸린 어린이의 비율이 10배 이상 늘었다. 불행 중 다행은 요오드의 반감기가 8일밖에 되지 않는다는 점이다. 3개월이 지나면 요오드의 방사능은 2,000분의 1로 줄어든다. 하지만 처음에 무척 많은 양이 방출되었다면 여전히 위험하다.

피해를 줄이기 위해서 피폭 위험에 처한 사람들은 요오드127로 만든 알약을 먹어야 한다. 갑상샘을 미리 포화 상태로 만들어서 위험한 요오드를 흡수하지 못하도록 막는 것이다.

●연관 키워드

알파, 베타, 감마 | 원자력의 대안 | 원자 | 베크렐 | 생물 축적 | 체르노빌 | 구름 | 오염 | 냉각수 | 크레용 | 마리 퀴리 | 철거 | 분열 | 도시미터(선량계) | 원자력 사고 등급 | 전기 | 농축 | 3세대 원자로 | 피폭 | 핵분열 | 후쿠시마 | 융해 | 가이거 계수기 | 4세대 원자로 | 온실 효과 | H가 필요한 사람들 | 히로시마 | 요오드 | kWh(킬로와트시) | 라 아그 재처리 공장 | 의학 요법 | 버섯 | 자연 방사능 | 원자력 발전소 | 핵 | 오펜하이머 | 원자력에 반대하는 사람들 | 플루토늄 | 환경오염 | 확산 | 방사선 방호 | 원자로 건물 | 시버트 | 소량 피폭 | 보관 | 공포의 균형 | 토카막 | 우라늄 | 유리화 | 폐기물 | 핵겨울 | 위험 제로

kWh (킬로와트시)

kWh. 이 수수께끼의 문자는 전기 계량기나 가정용 전기 기구, 전기 요금 고지서에서 볼 수 있다. 킬로와트시는 에너지를 측정하는 단위다.

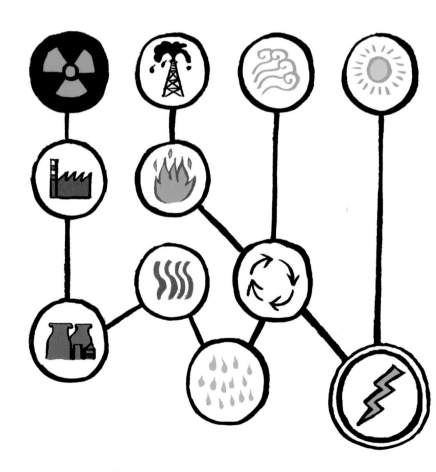

1킬로와트시는 사람이 30분 동안 다림질을 할 때, 3시간 동안 컴퓨터를 사용할 때, 10시간 동안 휴식을 취할 때 사용하는 에너지의 양과 같다.

원유, 천연가스, 석탄, 태양광, 강물의 흐름까지 에너지의 형태는 저마다 무척 다르다. 에너지의 종류는 각각 생산 방식, 저장 또는 운반 가능성, 용이성 및 생성되는 폐기물에 따라 나뉜다. 여러 에너지를 비교하기 위해서는 같은 물리 단위인 줄 또는 와트를 사용한다.

에너지의 생산량만 따져 본다면 우라늄 1킬로그램은 석유 10톤에 해당하는 에너지를 만든다. 우라늄을 이용하면 약 12만 킬로와트시, 즉 120기가와트시의 에너지를 얻을 수 있다. 달리 말하자면 우라늄은 같은 양의 석유보다 1만 배나 많은 에너지를 만들어 낸다는 뜻이다. 이게 바로 원자력 에너지 산업의 가장 큰 이점이다! 하지만 모든 에너지가 전기로 변환되지는 않는다. 원자력 발전소는 열에너지를 배출하는데, 그중 3분의 1만이 전기로 전환된다. 나머지는 그냥 잃어버린다.

주요 원전국인 프랑스에서 원자력으로 생산하는 전기는 약 410테라와트시, 즉 수십억 킬로와트시다. 하지만 그만큼의 전기를 만들어 내기 위해 그 3배에 해당하는 우라늄 에너지를 소비해야만 한다.

킬로와트시당 비용

원자력 계획을 연장할 것인가, 중단할 것인가를 둘러싼 논쟁에서 중요한 논점은 전기의 가격이다. 원자력 발전은 비용 대비 생산량이 높기 때문에 가격도 저렴하게 측정된다. 그러나 반핵 운동가들은 이 가격에 이의를 제기한다. 이 액수가 여러 가지 비용을 고려하지 않았거나 크게 과소평가되었다고 보기 때문이다. 그들은 원자력 발전소에서 생산되는 전기의 가격이 해체 작업 비용이나 폐기물 처리 비용을 전혀 고려하지 않고 책정되었다고 말한다. 이것은 중요한 문제. 전기의 가격은 에너지 생산 방식을 선택할 때 결정적인 요소이기 때문이다. 현재 태양열이나 풍력 발전의 전기 생산 비용은 원자력이나 화력 발전보다 명백히 높다. 물론 이들도 미래에 기술이 발전하면 비용이 낮아질 수 있을 것이다. 하지만 그렇게 되기 위해서는 원자력에 투자하고 있는 것과 마찬가지로 이 분야의 연구에도 투자가 이루어져야 한다.

● **연관 키워드**

알파, 베타, 감마 | **원자력의 대안** | 원자 | 베크렐 | 생물 축적 | 체르노빌 | 구름 | 오염 | 냉각수 | 크레용 | 마리 퀴리 | 철거 | 분열 | 도시미터(선량계) | 원자력 사고 등급 | **전기** | 농축 | 3세대 원자로 | 피폭 | 핵분열 | 후쿠시마 | 융해 | 가이거 계수기 | 4세대 원자로 | 온실 효과 | H가 필요한 사람들 | 히로시마 | 요오드 | kWh(킬로와트시) | 라 아그 재처리 공장 | 의학 요법 | 버섯 | 자연 방사능 | 원자력 발전소 | 핵 | 오펜하이머 | 원자력에 반대하는 사람들 | 플루토늄 | 환경오염 | 확산 | 방사선 방호 | 원자로 건물 | 시버트 | 소량 피폭 | 보관 | 공포의 균형 | 토카막 | 우라늄 | 유리화 | 폐기물 | 핵겨울 | 위험 제로

라 아그
재처리 공장

프랑스 코탕탱 반도의 아그 곶에는 라 아그 핵연료 재처리 공장이 있다. 핵연료 재처리 공장은 전 세계에 3개 있는데, 이곳에서는 원자로에서 3, 4년 동안 사용한 핵연료에서 여러 가지 원소를 분리하는 작업을 한다. 그중에는 우라늄과 플루토늄을 비롯한 40여 종의 원소가 있다.

La Hague

폐연료봉에 들어 있는 우라늄은 새 핵연료를 만드는 데 다시 사용할 수 있다. 폐연료에는 플루토늄도 1퍼센트 정도 들어 있다. 플루토늄은 중성자를 발산하는 성질 때문에 민간 원자력 산업과 군사용 목적에 이용된다. 또 다른 핵분열 생성물로는 세슘134, 세슘137, 스트론튬90이 있는데, 이것으로는 아무것도 할 수 없다. 넵투늄237, 아메리슘241, 퀴리움244 등 악티늄족 원소 역시 폐기물로 간주되지만 4세대 원자로에서 사용될 가능성이 있다.

핵연료 재처리 공장에서는 사용한 핵연료의 원소를 분리한다. 재처리의 목적은 우라늄과 플루토늄을 재활용하고 폐기물의 양을 줄이는 것이다. 재처리 작업을 한다고 해도 전체 폐기물의 부피는 달라지지 않지만 언젠가 재사용할 예정인 생성물은 더는 폐기물이 아닌 것으로 보아 보관하기도 한다.

프랑스의 가압수형 원자로는 혼합 핵연료에 적합하게 만들어졌다. 혼합 핵연료는 사용이 끝난 연료에서 추출한 감손 우라늄 및 플루토늄 산화물이 혼합된 것이다. 라 아그 재처리 공장에서 이 혼합 핵연료를 생산한다. 연료에서 원소들을 분리하려면 방사능이 강하고 온도가 높은 환경에서도 적용할 수 있는 화학 기술이 필요하다. 작업은 로봇에 의해 자동적으로 이루어진다.

혼합 핵연료 사용을 지지하는 사람들은 원자로에서 생성된 플루토늄을 재활용할 수 있다는 것을 이점으로 내세운다. 그러나 플루토늄을 연료로 다시 사용하여 없앤다 해도 원자로에서는 다시 플루토늄이 생성된다. 이렇게 2차적으로 생긴 플루토늄을 재활용하려면 비용이 많이 든다. 따라서 다시 사용하지 않고 폐기하는데, 결국 혼합 핵연료를 사용하면 플루토늄이 다량 포함된 폐기물이 나오고 이 폐기물은 수조에서 냉각시켜야 한다. 따라서 혼합 핵연료를 사용하면 농축 우라늄을 사용했을 때보다 생성되는 폐기물의 양은 적지만 방출되는 방사능은 훨씬 더 강하고 처리 비용도 많이 든다.

혼합 핵연료를 운반하는 문제도 있다. 전 세계로 핵연료를 운반하다가 방사능이 유출될 수 있다. 또한 플루토늄이 군사적 목적으로 사용될 수 있기 때문에 핵연료 재처리 공장을 짓는 것은 엄격하게 금지된다.

프랑스의 라 아그 재처리 공장 외에 영국 셀러필드와 일본 로카쇼에도 재처리 공장이 있다. 하지만 후쿠시마 원자력 발전소 사고 이후 모두 가동을 중단했다.

● 연관 키워드

알파, 베타, 감마 | 원자력의 대안 | 원자 | 베크렐 | 생물 축적 | 체르노빌 | 구름 | 오염 | 냉각수 | 크레용 | 마리 퀴리 | 철거 | 분열 | 도시미터(선량계) | 원자력 사고 등급 | 전기 | 농축 | **3세대 원자로** | 피폭 | 핵분열 | 후쿠시마 | 융해 | 가이거 계수기 | **4세대 원자로** | 온실 효과 | H가 필요한 사람들 | 히로시마 | 요오드 | kWh(킬로와트시) | 라 아그 재처리 공장 | 의학 요법 | 버섯 | 자연 방사능 | **원자력 발전소** | 핵 | 오펜하이머 | **원자력에 반대하는 사람들** | **플루토늄** | 환경오염 | 확산 | 방사선 방호 | 원자로 건물 | 시버트 | 소량 피폭 | **보관** | 공포의 균형 | 토카막 | 우라늄 | 유리화 | **폐기물** | 핵겨울 | 위험 제로

의학 요법

의학 분야에서는 엑스선을 비롯해 여러 종류의 방사선이 유용하게 쓰이고 있다. 의료용 사진을 촬영할 경우와 방사선 치료에 이용할 경우에 따라 사용 방법은 상당히 다르다.

Medical therapy

엑스선 사진은 뼈를 조사하거나 종양이 있는지 알아내기 위해 촬영한다. 엑스선은 방사성 원소에서 나오는 것이 아니지만 감마선과 마찬가지로 전리 작용을 하며 유사한 영향을 미친다.

엑스선 사진을 촬영할 때 나오는 방사능의 양은 사용하는 필름에 따라 다르다. 치과용 파노라마 엑스선 사진은 0.02밀리시버트, 팔 사진을 찍을 때는 0.06밀리시버트, 유방 촬영 시에는 0.5밀리시버트다.

엑스선 단층 촬영 장치는 엑스선 흡수 정도를 통해 인체 내부의 이미지를 재구성하는 의료 사진 장치다. 이 장치를 이용하여 흉곽이나 복부를 검사하면 약 10밀리시버트의 방사능을 받는다.

엑스선 촬영 외에도 방사선을 이용한 의학 기술은 많다. 그중 하나가 섬광 조영술이다. 섬광 조영술이란 환자가 방사성 원소를 삼킨 다음 원소에서 나오는 감마선을 측정하는 검사 방법이다. 이를 통해 방사성 원소가 집중된 장기의 활동을 조사할 수 있다. 섬광 조영술에는 반감기가 짧아서 빨리 사라지는 원소를 사용하는데, 예를 들어 심장 기능을 관찰할 때는 탈륨을 쓴다.

한편 양전자 단층 촬영은 양전자를 방출하는 방사성 물질을 이용한 검사 방법으로, 주로 암 검진이나 치료 결과 추적에 사용된다. 엑스선 단층 촬영이 장기의 구조를 보여 주는 반면 양전자 단층 촬영은 장기의 기능을 확인하여 과도한 활동을 보이는 세포를 찾아낼 수 있다. 산소15, 불소18 같은 방사성 원소로 만든 약품을 사용하는데, 이 원소들이 장기 내에서 활동하는 분자에 쉽게 섞여 들어가기 때문이다. 사용된 원소들은 반감기가 무척 짧아서 사용할 장소 바로 옆에서 약품을 만들어야 한다.

방사선 요법 중에는 방사성 물질에서 방출된 방사선으로 종양을 공격하는 치료법도 있다. 종양에 10~60그레이 정도의 강한 방사선을 집중적으로 쏘는 치료법으로 암세포는 죽이고 건강한 세포는 가능한 한 죽이지 않도록 주의해야 한다.

종양 치료법에 쓰이는 방사선의 단위로 시버트가 아니라 그레이를 사용하는 것은 매우 제한된 부위에만 방사선을 쏘기 때문이

의학적 피폭량

한국에서 의학적 목적으로 발생하는 전체 피폭량은 1인 평균 연간 1.4밀리시버트다. 이 수치는 자연 방사선 노출량보다 낮지만 1년 동안이 아니라 짧은 시간 동안 집중적으로 받게 되는 것이므로 영향은 달라질 수 있다. 게다가 평균 수치만 보아서는 한 사람 한 사람이 받는 피폭량을 전부 알 수 없다. 단층 촬영을 했거나 방사선 치료를 받은 사람은 그렇지 않은 사람에 비해 피폭량이 무척 높다.

다. 같은 강도의 방사선을 장기 전체가 받으면 목숨을 잃고 말 것이다. 물론 임상 검사를 받을 때보다 치료를 받을 때 피폭 위험이 더 높다. 하지만 많은 환자가 치료를 위해 위험을 감수한다.

●**연관 키워드**

알파, 베타, 감마 | 원자력의 대안 | 원자 | 베크렐 | 생물 축적 | 체르노빌 | 구름 | 오염 | 냉각수 | 크레용 | 마리 퀴리 | 철거 | 분열 | 도시미터(선량계) | 원자력 사고 등급 | 전기 | 농축 | 3세대 원자로 | 피폭 | 핵분열 | 후쿠시마 | 융해 | 가이거 계수기 | 4세대 원자로 | 온실 효과 | H가 필요한 사람들 | 히로시마 | 요오드 | kWh(킬로와트시) | 라 아그 재처리 공장 | 의학 요법 | 버섯 | 자연 방사능 | 원자력 발전소 | 핵 | 오펜하이머 | 원자력에 반대하는 사람들 | 플루토늄 | 환경오염 | 확산 | 방사선 방호 | 원자로 건물 | 시버트 | 소량 피폭 | 보관 | 공포의 균형 | 토카막 | 우라늄 | 유리화 | 폐기물 | 핵겨울 | 위험 제로

버섯

핵 버섯구름은 핵폭탄이 폭발할 때 생겨나는 구름이다. 핵폭탄이 투하되면 첫 폭발이 빠른 속도로 일어나며 구름을 형성한다. 구름은 매우 뜨거워진 대기 중의 기체로 이루어져 있고, 수증기가 포함되어 흰색을 띤다.

Mushroom

핵폭탄이 폭발하는 세기가 약하면 핵 버섯구름은 대류권, 즉 대기권의 가장 아래쪽 층인 고도 15킬로미터 아래에 머문다. 핵 분열로 생겨난 방사성 물질은 수천 킬로미터까지 퍼져 나가 폭발 이후 몇 주에 걸쳐 쌓이게 된다. 버섯구름에는 지표면에서 올라온 먼지와 불길로 인한 그을음도 섞여 있어 갈색이 돈다. 따라서 핵폭탄이 터진 뒤 비가 내리면 거무튀튀한 방사능 비가 내린다.

핵폭탄의 위력이 150킬로톤을 넘어서면 버섯구름이 성층권, 즉 고도 20~25킬로미터 높이까지 올라가며 옆으로는 수십 킬로미터까지 퍼진다. 폭발 잔해물은 몇 달 동안 대류권을 순환한다.

그동안 반감기가 짧은 물질의 방사능은 줄어들지만 세슘137이나 스트론튬90 같은 물질은 여전히 남는다.

　1950년대부터 몇몇 국가가 지상에서 핵폭탄 실험을 실시했다. 미국은 네바다 사막과 태평양에서, 소련은 중앙아시아와 우크라이나에서, 프랑스는 사하라 사막과 폴리네시아에서, 영국은 오스트레일리아에서 실험을 했다. 이 실험으로 모두 543개의 버섯구름이 피어올랐다! 이들은 버섯구름을 피우면서 핵폭탄의 성능을 향상시키고, 잠재적 적국인 이웃 국가에게 자국을 공격하면 무엇으로 대응할 것인지 보여 줄 수 있었다. 하지만 실험으로 인해 지구 전체 대기 중의 방사능이 높아지자 1963년부터 핵무기 보유 국가들은 지상 핵실험을 제한하는 협정에 서명했다. 이들은 실험 장소를 지하로 옮겼고, 외부로 방출되는 방사성 입자는 훨씬 적어졌다. 그러나 프랑스는 1975년까지 폴리네시아 환초에서 지상 핵실험을 계속했다. 지상 핵실험은 많은 군인과 주변 지역 주민을 방사능에 노출시켰다. 정보를 제대로 얻지도, 보호를 받지도 못했기 때문이다.

자연 방사능

방사능은 항성 중심부나 대기 중에서 형성된 화학 원소에서 비롯되는 자연 현상이다. 입자나 방사선이 방출되는 것을 가리키며, 다른 원자를 변형시킬 수 있다.

Natural radioactivity

지구 중심의 열은 암석의 방사능에 의해 유지된다. 지구가 나이를 먹으면서 지표면의 강력한 방사능은 거의 사라졌다. 지구가 태어나고 45억 5,000만 년이라는 세월이 흐르면서 대부분 원소들이 방사능을 전부 잃어버린 것이다. 그러나 포타슘40이나 우라늄238같이 반감기가 굉장히 긴 원소들은 조금 남아 있다. 또한 대기 중의 탄소14처럼 우주선(宇宙線)의 영향으로 끊임없이 형성되는 방사성 원소도 있다. 우주선은 대기에 의해 부분적으로 차단되지만 높은 산 위에 올라가거나 비행기를 타면 영향을 받는다.

따라서 모든 생물은 항상 일정 수준의 자연 방사능에 영향을 받고 있다. 심지어 사람의 몸에서도 연간 0.25밀리시버트의 방사선이 나온다! 몸속에 방사성 원소인 포타슘40이 몇 밀리그램 포함되어 있기 때문이다. 장소에 따라 자연 방사능의 양은 다르다. 한국의 경우 연간 평균 3.0밀리시버트의 자연 방사능이 나온다. 인도를 비롯한 몇몇 지역은 장소에 따라 방사능이 연간 20밀리시버트 나오기도 하고, 국지적으로는 연간 200밀리시버트에 달하기도 한다!

어떠한 역학 연구도 자연 방사능과 암 발생 빈도 사이의 연관

성을 밝혀 내지 못했다. 실제로 연관성이 없을 수도 있고, 있다 해도 영양 섭취처럼 훨씬 강력한 영향을 미칠 수 있는 다른 요인에 의한 것일지도 모른다. 또한 우리는 DNA를 복구하는 세포 메커니즘을 가지고 있다. 자연 방사능이 유발한 피폭은 이 메커니즘을 통해 치유된다고 가정할 수 있다. 하지만 100퍼센트 효과적으로 치유된다고는 결코 확신할 수 없다.

라돈

라돈은 화강암에서 생성되는 방사성 기체로 화강암 주택의 환기가 잘 되지 않는 지하실에 모인다. 완전히 자연적으로 생긴 라돈이라고 해서 안전한 것은 아니다. 심지어 라돈은 담배에 이어 폐암을 일으키는 원인 2위다! 그래서 화강암 주택에서는 반드시 환기를 잘 시키라고 충고한다. 하지만 방사능의 공포를 터무니없이 과장하는 경우도 있다. 예를 들어 미국에서 화강암 조리대 사용을 금지하자는 운동이 일어난 적이 있었다. 하지만 화강암 조리대에서 나오는 방사능은 극히 적어서 우리가 도처에서 받고 있는 자연 방사능보다도 훨씬 약하다.

● **연관 키워드**

알파, 베타, 감마 | 원자력의 대안 | 원자 | 베크렐 | **생물 축적** | 체르노빌 | 구름 | 오염 | 냉각수 | 크레용 | 마리 퀴리 | 철거 | 분열 | 도시미터(선량계) | 원자력 사고 등급 | 전기 | 농축 | 3세대 원자로 | **피폭** | 핵분열 | 후쿠시마 | 융해 | 가이거 계수기 | 4세대 원자로 | 온실 효과 | H가 필요한 사람들 | 히로시마 | 요오드 | kWh(킬로와트시) | 라 아그 재처리 공장 | 의학 요법 | 버섯 | 자연 방사능 | 원자력 발전소 | 핵 | 오펜하이머 | 원자력에 반대하는 사람들 | 플루토늄 | 환경오염 | 확산 | 방사선 방호 | 원자로 건물 | 시버트 | **소량 피폭** | 보관 | 공포의 균형 | 토카막 | 우라늄 | 유리화 | 폐기물 | 핵겨울 | 위험 제로

원자력 발전소

전기를 만드는 대부분의 발전소처럼 원자력 발전소 역시 압축 수증기를 만든다. 발전소에서 만들어진 수증기가 터빈을 돌려서 전기를 생산하는 데, 수증기를 얻기 위해서는 물을 끓여야만 한다.

농축 우라늄 또는 우라늄과 플루토늄의 혼합물로 구성된 핵연료는 핵분열을 할 때 나오는 열로 물을 끓여 전기를 생산한다. 노심에 들어 있는 연료의 양은 연쇄 반응을 일으킬 수 있도록 조정된다. 방출된 방사선이 새로운 핵분열을 불러일으키고, 그 분열이 또 다른 핵분열을 유발하는 것이다. 이렇게 핵분열이 일어나면 원자로에서 열이 발생하기 시작한다.

연료 다발, 즉 노심은 물이나 수증기에 잠겨 있다. 이 물이나 수증기가 원자로의 1차 냉각 회로를 이루며 다른 회로를 순환하는 물에 열을 전달한다. 이 물은 보통 물보다 무거운 수소 원자로 구성되어 '중수(重水)'라고 부르는데, 중수가 터빈을 돌려 전기를 생산한다. 원자로 용기와 1차 회로는 차폐 구역으로 보호되어 원칙적으로 어떠한 방사능 물질도 외부로 나가지 못한다.

터빈을 지난 2차 회로의 물은 아주 뜨겁다. 따라서 발전소 내부의 온도가 높아지는 것을 방지하려면 온도를 낮춰야 한다. 그때 쓰이는 것이 강이나 바다에서 퍼 올린 물로, 역할을 다하면 밖으로 버려진다. 발전소 건물에서 볼 수 있는 거대한 콘크리트 탑 역시 냉각에 사용된다. 탑에서는 방사능이 없는 수증기가 응결되며 만들어진 김이 빠져나온다.

발전소 한 곳에는 1개 이상의 원자로가 설치되어 있다. 원자로는 종류가 다양한데, 사용하는 연료와 원자로 중심부에서 터

원자력 발전소

원자력 발전소는 원자로, 사용 전후의 연료를 보관하는 저장소, 2차 회로에서 물의 순환 및 터빈 작동, 냉각 등에 필요한 각종 설비로 이루어져 있다. 원자로 하나의 발전량은 900~1,500메가와트다.

빈에 열을 전달하는 방식에 따라 나뉜다.

　가압수형 원자로는 가장 널리 쓰이는 원자로로 특히 프랑스 발전소에 많이 설치되어 있다. 한편 비등수형 원자로(BWR, Boiling-water Reactor)는 미국, 일본, 유럽 각국, 러시아 등에서 널리 쓰인다. 그 밖에 캐나다형 중수로라고도 하는 캔두(CANDU, Canadian Deuterium Uranium Reactor)와 러시아의 RBMK(Reaktor Bolshoy Moshchnosti Kanalniy, 흑연감속 비등경수 압력관형 원자로로 체르노빌 발전소에서 쓰였던 기종)가 있다. 한국에는 12개의 원자력 발전소가 있는데, 가압수형 원자로를 주로 사용한다.

● 연관 키워드

알파, 베타, 감마 | 원자력의 대안 | 원자 | 베크렐 | 생물 축적 | **체르노빌** | 구름 | 오염 | 냉각수 | 크레용 | 마리 퀴리 | **철거** | 분열 | 도시미터(선량계) | 원자력 사고 등급 | 전기 | 농축 | **3세대 원자로** | 피폭 | **핵분열** | 후쿠시마 | 융해 | 가이거 계수기 | **4세대 원자로** | 온실 효과 | H가 필요한 사람들 | 히로시마 | 요오드 | kWh(킬로와트시) | **라 아그 재처리 공장** | 의학 요법 | 버섯 | 자연 방사능 | 원자력 발전소 | 핵 | 오펜하이머 | 원자력에 반대하는 사람들 | 플루토늄 | 환경오염 | 확산 | **방사선 방호** | **원자로 건물** | 시버트 | 소량 피폭 | 보관 | 공포의 균형 | 토카막 | **우라늄** | 유리화 | 폐기물 | 핵겨울 | 위험 제로

N 핵

Nucleus

원자력 과학은 씨앗에 대한 과학이다! 원자력(nuclear)이라는 단어는 씨앗이라는 뜻의 라틴어 'nucleus'에서 유래했다. 하지만 원자력 과학에서는 원자의 씨, 즉 원자의 중심부로 질량의 대부분을 차지하고 있는 핵을 이야기한다.

Nucleus

핵은 여러 개의 핵자로 이루어져 있다(수소만 빼고. 수소는 핵자가 하나뿐이다). 핵자는 양전하를 띠는 양성자와 중성 핵자인 중성자, 이렇게 두 종류가 있다.

한 화학종의 원자는 언제나 같은 수의 양성자를 포함한다. 하지만 중성자의 수는 다를 수 있다. 예를 들어 자연계에 가장 많이 존재하는 우라늄238은 양성자가 92개, 중성자가 146개로 핵자가 238개인 반면, 발전소 가동에 필요한 우라늄235는 양성자가 92개, 중성자가 143개로 핵자가 235개다. 이렇게 두 가지 형태의 우라늄을 동위 원소라고 부른다.

두 원소는 물리적 성질이 서로 다르다. 우라늄238은 우라늄235보다 핵이 무겁기 때문에 비중이 더 크다. 우라늄235의 반감기가 7억 400만 년인데 비해 우라늄238은 45억 년이다. 반면 다른 동위 원소들은 화학적 성질이 같다. 따라서 식물 세포는 안정적인 탄소 동위 원소 12와 방사성을 띠는 동위 원소 14를 같은 방식으로 흡수한다. 현재 알려진 동위 원소의 종수는 자연적으로 존재하는 약 325종과 인공적으로 만들어진 약 1,200종이다.

우라늄235의 핵과 같이 불안정해서 자연적으로 중성자를 방출하는 핵도 있다. 이러한 핵은 다른 핵과 결합할 수 있는데, 핵

퀴즈: 과일과 그 과일의 씨를 연결해 보세요.

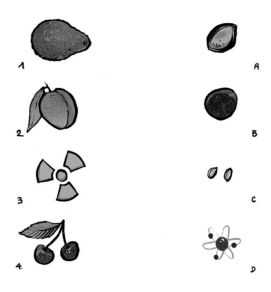

이 결합하면 무거워져서 물리적 성질이 달라진다. 때로는 방사능을 띠기도 한다.

중성자 역시 핵을 깨뜨릴 수 있다. 그러면 깨진 핵이 새로운 중성자를 내보낸다. 방출된 중성자는 고속 중성자라고 부른다. 초속 2만 킬로미터로 이동하며 200만 전자볼트나 되는 큰 에너지를 가지고 있다. 하지만 원자로 내에서는 연료 주변을 도는 물에 의해 속도가 느려진다. 그러면 '저속' 중성자가 되어 시속 2~3킬로미터의 속도로밖에 돌지 않는다! 저속 중성자는 '열중성자'라고도 부르는데, 고속 중성자의 속도를 늦추는 과정은 새로운 핵분열을 일으키기 위해 반드시 필요하다.

오펜하이머

미국의 물리학자 로버트 J. 오펜하이머는 양자 물리학의 입자에 대한 연구와 천체 물리학의 블랙홀 생성에 대한 연구로 알려져 있다. 또한 맨해튼 프로젝트의 책임자로도 유명하다. 이 프로젝트가 성공하여 제2차 세계 대전에서 일본에 원자 폭탄이 투하되었다.

Oppenheimer

1939년 알베르트 아인슈타인은 미국 정부에 핵무기 연구를 서둘러야 한다고 경고하는 내용을 담은 편지를 보냈다. 그는 독일군이 원자 폭탄 제작 계획에 착수했으므로 가능한 한 빨리 우라늄을 손에 넣어야만 한다고 확신하고 있었다. 나중에 아인슈타인은 자신이 왜 이러한 결정을 내리게 되었는지 이렇게 설명했다. "나는 미국이 핵무기 개발에 성공할 경우 인류가 어떠한 끔찍한 위험을 무릅쓰게 될지 잘 알고 있었다. 그러나 독일이 연구에 틀림없이 성공할 것 같았기 때문에 결단을 내려야만 한다고 느꼈다. 나는 줄곧 철저한 평화주의자였지만 달리 방법이 없었다." 미국 정부는 아인슈타인의 제안을 받아들였고, 비밀리에 맨해튼 프로젝트에 착수했다. 프로젝트의 처음 목적은 우라늄의 속성에 대한 연구였다.

1942년 미국은 제2차 세계 대전에 뛰어들었고, 루즈벨트 대통령은 원자 폭탄 제작에 착수할 것을 결정했다. 로버트 J. 오펜하이머는 이 계획의 책임 연구자로 지명되었다. 그는 뉴멕시코 주 로스앨러모스에 있는 자기 소유의 농장 근처에 연구소를 설립했다. 미국, 영국, 독일의 명석한 수학자와 화학자, 물리학자가 그곳으로 모여들었다. 그중에는 최초로 원자로를 구현한 엔리코

페르미도 있었다. 1945년 7월 15일 앨라모고도 사막에서 최초의 핵실험이 실행되었다. 그리고 3주 뒤, 일본의 도시 히로시마와 나가사키에 각각 원자 폭탄이 투하되었다.

1947년 오펜하이머는 프린스턴 고등연구소의 소장이 되었다. 그는 원자 폭탄 사용에 반대했고, 원자 폭탄보다 강력한 무기인 수소 폭탄 개발에도 반대했다. 오펜하이머는 미국 공산당 측에 가담했다는 이유로 맥카시 상원의원이 주도한 '마녀 사냥'의 희생양이 되었다. 맥카시는 모든 주요 직위(정부, 연구 분야에서 영화계까지!)에 있는 공산주의자와 공산주의에 공감하는 사람들을 제거하려 했다. 오펜하이머는 죽기 몇 년 전인 1963년에야 직위를 회복했다.

원자력에
반대하는 사람들

원자력 산업은 초창기부터 강력한 반대에 맞서야 했다. 처음에는 원자
폭탄 사용에 대한 반대였고 나중에는 민간 원자력 발전소에 대한 반대
로 이어졌다.

Opponent

일본에 원자 폭탄이 투하되면서 제2차 세계 대전이 끝나자 핵무기에 반대하는 단체가 산발적으로 조직되었다. 1970년대에 태동한 환경 운동도 원자력 반대 운동에 가담했다. 이들은 특히 독일과 스웨덴 등 몇몇 국가에 중대한 영향을 끼쳤다. 1979년 미국 스리마일 섬 원전 사고, 1986년 소련 체르노빌 원전 사고, 2011년 후쿠시마 원전 사고 같은 심각한 사고들이 일어나자 독일과 벨기에를 비롯한 여러 국가에서는 원자력을 통한 에너지 생산을 포기하는 움직임이 가속화되었다. 하지만 같은 유럽 국가인 프랑스는 상황이 다르다. 여론은 이렇다 할 토론도 없이 원자력 계획을 전반적으로 인정하고 있다. 한국에서도 후쿠시마 원전 사고로 인해 원자력 발전의 위험성이 사회적 이슈로 대두되면서 찬반 토론이 활발하게 이루어지고 있지만 여전히 원자력 발전을 계속하고 있다.

오늘날 원자력에 반대하는 사람들은 원자력 발전 기술의 위험성과 방사성 폐기물의 축적, 높은 처리 비용, 원자력 계획 관리의 극심한 중앙 집권화와 불투명한 운영을 근거로 내세우고 있다. 더불어 예상치 못한 사고가 불러올 수 있는 비극적인 결과를 하나하나 지적한다. 사고가 일어나면 사람들이 피폭을 당하고, 대기와 해양 오염이 계속되며, 광대한 지역이 인간이 살아갈 수 없을 정도로 오염된다는 것이다. 또한 민간 원자력 산업과 군사 계획이 초창기부터 밀접한 관련을 맺어 왔다는 점을 비판한다. 에너지 생산 분야가 발전할수록 핵무기가 증가할 위험이 있기 때문이다.

원자력 반대자들은 원자력 발전소를 사용하는 대신 에너지를 절약하고 재생 가능한 에너지를 발전시켜 부족한 에너지를 보충하자고 제안한다.

반핵 단체

그린피스와 세계 자연 보호 기금(WWF, World Wide Fund for Nature)은 민간 및 군사적 핵 이용 반대 활동을 활발히 펼치고 있다. 이들은 원자력에 대한 공식 정보를 극도로 불신한다. 국가 안보라는 이유로 많은 정보들이 조작되었다는 사실이 과거에 증명되었기 때문이다.

● 연관 키워드

알파, 베타, 감마 | 원자력의 대안 | 원자 | 베크렐 | 생물 축적 | **체르노빌** | 구름 | **오염** | 냉각수 | 크레용 | 마리 퀴리 | **철거** | 분열 | 도시미터(선량계) | 원자력 사고 등급 | 전기 | 농축 | 3세대 원자로 | 피폭 | 핵분열 | **후쿠시마** | **융해** | 가이거 계수기 | 4세대 원자로 | 온실 효과 | **H가 필요한 사람들** | **히로시마** | 요오드 | kWh(킬로와트시) | 라 아그 재처리 공장 | 의학 요법 | 버섯 | 자연 방사능 | 원자력 발전소 | 핵 | 오펜하이머 | 원자력에 반대하는 사람들 | **플루토늄** | 환경오염 | **확산** | 방사선 방호 | 원자로 건물 | 시버트 | 소량 피폭 | **보관** | **공포의 균형** | 토카막 | 우라늄 | 유리화 | **폐기물** | 핵거울 | 위험 제로

플루토늄

플루토늄은 납과 비슷하게 생긴 은회색 중금속이다. 독성이 높고 방사능이 강한 플루토늄은 인간이 이제껏 만들어 낸 위험한 물질들 중 하나다! 1마이크로그램, 다시 말해 100만 분의 1그램만 들이마시거나 삼켜도 목숨을 잃게 된다. 하지만 경이적인 에너지원인 플루토늄을 개발하려는 사람들도 있다. 플루토늄 1그램으로 석유 1톤 이상의 에너지를 만들 수 있기 때문이다!

Plutonium

플루토늄은 자연에 아주 조금밖에 존재하지 않는다. 원자로 안에서는 우라늄238 원자가 중성자 1개와 결합해서 플루토늄이 만들어진다. 반응이 여러 차례 반복되면 매우 강력한 방사능을 띠는 플루토늄239가 형성된다. 플루토늄239의 반감기는 2만 4,000년이다. 플루토늄의 장점은 핵분열이 쉽게 일어난다는 점이다. 플루토늄으로 핵이 분열하며 방출된 중성자를 공급하여 노심에서 일어나는 반응을 유지할 수 있다.

원자력 발전소에서는 해마다 수십 톤의 플루토늄이 만들어진다. 그중 일부는 혼합 핵연료의 재료로 들어가지만 혼합 핵연료를 사용하면 또다시 플루토늄이 생성된다. 결국 플루토늄을 저장소에 보관해야 하는데 그렇다고 해서 폐기물로 취급하지는 않는다. 4세대 원자로에 사용할 가능성이 있는 연료로 간주하여 재처리 시설의 냉각 수조에 보관한다.

플루토늄을 폐기물로 간주하는 국가도 있다. 하지만 처음부터 폐기물로 취급한 것은 아니다. 심지어 플루토늄은 군이 폭탄을 제작하기 위해 구하는 최종 생산물이었다. 현재 발전소에서 생성되는 플루토늄은 군사적 목적에 적합하지 않다. 그러나 여전히 원자로 가동 방법을 수정하여 폭탄 제작에 필요한 플루토늄을 만들어 낼 가능성은 있다. 그렇게 되면 테러 조직이 플루토늄을 이용해 방사능 폭탄을 만들 수도 있다.

따라서 플루토늄은 철저히 관리되어야 한다. 현재는 연료를 재처리하고 폐기물을 한데 모아 보관하기 위해 대단히 먼 거리를 장갑 열차에 실어 운반한다. 원자력 산업에 반대하는 사람들이 보기에 이 방사성 행렬은 어마어마한 잠재적 위험 요소다. 교통사고가 나기라도 하면 바로 방사능 유출로 이어질 것이다.

> 플루토늄 1톤은 회계사에게는 267억 3,000만 원을 뜻하며, 엔지니어에게는 연간 1기가와트의 전기를 의미한다. 러시아인에게는 노동자 한 명이 2,000년 동안 할 수 있는 사회주의 노역의 양과 같고, 사담 후세인에게는 핵폭탄 250개와 같다.
>
> – 조르주 샤르파크

환경오염

방사성 물질을 사용하는 분야는 군사, 에너지 생산, 의학, 연구, 공업 등 다양하다. 방사성 물질을 다루다 보면 폐기물이 발생하고 방사성 기체나 액체가 배출되어 환경을 오염시킨다. 방사능은 눈에 보이지 않고 냄새가 나지도 않아서 오염이 되어도 알 방법이 없다. 발산되는 방사능 수치를 측정하려면 적합한 장치가 필요하다.

Pollution

1950년부터 1990년까지 행해진 핵폭발 실험으로 대기가 방사능에 심각하게 오염되었다. 실험 장소 주변은 특히 심했다. 방사성 구름이 전 세계로 퍼져 나갔고, 비가 내리면서 몇몇 방사성 원소는 다시 땅으로 떨어졌다. 핵 실험이 중단된 뒤 오염은 조금씩 줄어들었다. 그러나 여전히 해마다 평균 0.005밀리시버트 정도의 피폭을 유발하고 있는 것으로 추정된다.

정상 가동 중인 원자력 발전소에서는 트리튬, 탄소14, 요오드131, 크립톤85 등의 방사성 원소를 소량 포함한 물과 가스가 외부로 배출된다. 원칙적으로 폐기물은 모두 철저히 관리한다. 폐기물이 지속적인 오염의 원인이 되기 때문이다. 하지만 국지적으로 방사능이 더 강한 경우나 방사능을 띤 물이 실수로 방출되는 사고의 가능성을 배제할 수 없다.

체르노빌이나 후쿠시마 원전 사고와 같은 원자력 관련 사고가 일어나면 대기와 토양이 오염된다. 방출된 오염 물질 중 요오드131은 빠른 속도로 사라지지만 반감기가 훨씬 더 긴 세슘137과 스트론튬90은 오랜 시간이 흐른 뒤에도 발견된다. 심지어 사고 지역에서 수천 킬로미터 떨어진 곳에서도 탐지된다. 이 원소들은 토양에 축적되어 식물과 버섯의 뿌리를 통해 흡수된다.

사실 폐기물에서 나오는 방사능의 양은 그리 많지 않다. 그러나 피폭이 어떤 영향을 미치는지 정확히 알려져 있지 않기 때문에 암을 유발할 가능성을 배제할 수는 없다. 어쨌든 마음에 새겨 둘 것은 원자력 폐기물보다 다른 오염 물질이 훨씬 위험하다는 사실이다. 디젤 자동차에서 배출되는 입자나 농업용 살충제, 담배 연기 같은 것 말이다!

●**연관 키워드**

알파, 베타, 감마 | 원자력의 대안 | 원자 | 베크렐 | 생물 축적 | 체르노빌 | 구름 | 오염 | 냉각수 | 크레용 | 마리 퀴리 | 철거 | 분열 | 도시미터(선량계) | 원자력 사고 등급 | 전기 | 농축 | 3세대 원자로 | 피폭 | 핵분열 | 후쿠시마 | 융해 | 가이거 계수기 | 4세대 원자로 | 온실 효과 | H가 필요한 사람들 | 히로시마 | 요오드 | kWh(킬로와트시) | 라 아그 재처리 공장 | 의학 요법 | **버섯** | 자연 방사능 | 원자력 발전소 | 핵 | 오펜하이머 | 원자력에 반대하는 사람들 | **플루토늄** | 환경오염 | 확산 | 방사선 방호 | 원자로 건물 | 시버트 | 소량 피폭 | 보관 | 공포의 균형 | 토카막 | 우라늄 | 유리화 | **폐기물** | 핵겨울 | 위험 제로

확산

Proliferation

민간 원자력 산업의 목적은 우라늄이나 플루토늄을 원료로 에너지를 생산하는 것이다. 민간 원자력 산업은 군사적 목적의 원자력 개발과 밀접한 관계를 맺으며 발전했다. 실제로 핵연료 생산을 위해 꼭 필요한 기술인 농축 우라늄을 제조하는 데 성공하면 원자 폭탄도 개발할 수 있다.

Proliferation

초기에 핵무기를 개발한 국가인 미국, 러시아, 프랑스, 영국은 자신들이 인류에 얼마나 어마어마한 위험을 끼치게 되었는지를 깨달았다. 핵무기가 전 세계로 확산되면서 핵전쟁의 위협이 현실로 다가왔기 때문이다. 현재 파키스탄, 중국, 이스라엘, 북한, 인도가 핵무기를 보유하고 있고 이란은 핵 확산 방지 조약에 서명했지만 핵무기 제작을 추진하고 있다는 의심을 받고 있다. 아직 핵무기를 보유하지 않은 국가들도 몇 년 뒤에는 이란과 같은 길을 택할 수도 있다.

핵이 확산되면 핵무기가 실제로 사용될 가능성도 높아진다. 심지어 핵무기를 보유한 몇몇 국가는 정치적으로 불안정한 지역에 자리하고 있다. 실제로 파키스탄과 이스라엘이 있는 서아지아 지역이나 인도 반도에서는 최근 몇 년간 여러 차례에 걸쳐 무력 충돌이 일어났다. 플루토늄이 쉽게 유통되는 것도 핵무기 확산을 부추기는 요소다. 국제 원자력 기구에 따르면 플루토늄 8킬로그램과 고농축 우라늄 25킬로그램이면 원자 폭탄 하나를 만드는 데 충분하다고 한다.

민간 원자력 발전소가 증가하면서 사용한 핵연료, 즉 플루토늄을 만들고 보관하는 곳 역시 그만큼 늘어났다. 방사성 물질을 국제적으로 운송하게 되면서 소위 '더러운 폭탄'을 만들고자 하는 자들의 탈취 및 공격 위험도 높아졌다. 더러운 폭탄이란 일반적인 폭탄에 독성 방사성 물질을 채워 퍼뜨리는 폭탄으로 수많은 사상자를 낼 수 있다. 민간 원자력 분야와 군사 원자력 분야 간의 유서 깊은 관계는 여전히 현재 진행형이다.

●연관 키워드

알파, 베타, 감마 | 원자력의 대안 | 원자 | 베크렐 | 생물 축적 | 체르노빌 | 구름 | 오염 | 냉각수 | 크레용 | 마리 퀴리 | 철거 | 분열 | 도시미터(선량계) | 원자력 사고 등급 | 전기 | **농축** | 3세대 원자로 | 피폭 | 핵분열 | 후쿠시마 | 융해 | 가이거 계수기 | 4세대 원자로 | 온실 효과 | **H가 필요한 사람들** | **히로시마** | 요오드 | kWh(킬로와트시) | 라 아그 재처리 공장 | 의학 요법 | 버섯 | 자연 방사능 | 원자력 발전소 | 핵 | 오펜하이머 | **원자력에 반대하는 사람들** | **플루토늄** | 환경오염 | 확산 | 방사선 방호 | 원자로 건물 | 시버트 | 소량 피폭 | 보관 | **공포의 균형** | 토카막 | 우라늄 | 유리화 | 폐기물 | **핵겨울** | 위험 제로

방사선 방호

방사능은 인체에 해를 끼칠 위험이 있다. 방사능의 주요한 문제점은 눈에 보이지 않는다는 사실이다. 방사능이 극도로 강한 경우를 제외하면 방사능 발생지가 근처에 있는지 알 수 없고 방사능의 세기를 어림잡을 수도 없다. 따라서 방사능에서 몸을 보호하기는 아주 어렵다.

Radiation protection

많은 기구가 방사능 수준을 감시하고, 방사성 물질을 다루는 노동자와 일반 대중을 위한 보호 기준을 결정하는 일을 맡고 있다. 방사선 방호는 어떻게 해야 스스로를 보호할 수 있는지 아는 것이 핵심이다. 방사선과 의사나 원자력 발전소 기술자도 마찬가지다.

방사성 폐기물을 운송하거나 보관할 경우에 필요한 보호 기준도 존재한다. 이 보호 기준은 주로 정부가 관리하는 국가 기관에서 설정하는데, 프랑스에서는 방사선 방호 및 원자력 안전 연구소(IRSN, Institut de Radioprotection et de Sûreté Nucléaire), 미국에서는 연방 정부의 에너지부 내의 민간 방사성 폐기물 관리국(OCRWM, Office of Civilian Radioactive Waste Management)이 그 역할을 담당한다. 한국에서는 한국 원자력 안전기술원이 발전소의 안전 규제를 책임지고 있다. 이 기관들은 발전소에 사고가 날 경우 웹 사이트에 정보를 공개해야 한다.

과거 원자력 산업은 군사적 목적과 연관되어 정보를 공개하지 않는 경향이 있었다. 이러한 특성은 체르노빌 사고에서 여실히 드러났고 원자력 산업 기관에 대한 강한 불신을 불러일으켰다. 한국은 원자력 산업에 경제적인 이해관계까지 얽혀 있다. 지난

2013년에는 원자력 발전소에 품질 미달인 부품이 납품되었다는 사실이 밝혀졌는데, 관련 공기업과 승인 기관, 사기업이 모두 가담하여 꾸민 비리였다.

규제

방사능 안전 기준에 따르면 일반인은 연간 인공 방사능, 즉 원자력 산업에서 발생한 방사능을 연간 평균 1밀리시버트 이상 받아서는 안 된다(자연 방사능은 연간 약 2.4밀리시버트 받는다). 의료 목적의 방사능은 계산하지 않는다. 어떤 검사 또는 치료를 받느냐에 따라 선량이 천지 차이기 때문이다. 원자력 노동자들이 받는 양은 연간 20밀리시버트를 넘어서는 안 된다.

●연관 키워드

원자로 건물

원자력 발전소에서 연료는 강철 용기 안에 들어 있다. 이 용기와 열을 배출하는 1차 냉각 회로는 넓은 콘크리트 방 안에 들어 있는데, 이 공간을 원자로 건물, 즉 차폐 구역이라고 한다.

원자로 건물 안을 지나는 1차 냉각 회로에는 연료봉의 열을 식히고 나온 뜨거운 물이 매우 높은 압력으로 순환하고 있다. 가압수형 원자로에서는 1차 냉각 회로의 제작 비용이 가장 높다. 주요 부품이 부식되지 않는 고품질 합금으로 제작되기 때문이다. 이 고품질 합금은 강철이 아니라 니켈과 몰리브덴, 크롬 등 여러 가지 금속으로 이루어져 있다.

차폐 구역에는 1차 냉각 회로 펌프와 2차 냉각 회로의 증기 발

생기가 설치되어 있다. 차폐 구역은 핵연료와 외부를 구분하는 세 번째 장벽이다. 첫 번째 장벽은 핵연료 피복, 두 번째 장벽은 강철 용기로 되어 있다. 차폐 구역은 사고가 발생할 경우 방사성 원소의 외부 확산을 막는 최후의 보호벽이다. 따라서 핵연료에 의해 가스가 비정상적으로 방출되어 압력이 높아져도 견딜 수 있어야 한다.

원자로 건물은 그 위로 비행기가 추락하더라도 버틸 수 있어 야 한다. 2001년 이전에는 이러한 사고가 일어날 가능성이 극히 낮다고 보았다. 그러나 2001년 9월 11일 뉴욕 세계 무역 센터의 두 건물이 파괴된 뒤로는 테러 공격 가능성도 배제할 수 없게 되었다. EPR은 외부 차폐 구역이 각각 두께 1.3미터인 콘크리트 벽 두 겹으로 이루어져 있어 충격에 견딜 수 있다. 건설자의 말 에 따르면 여객기가 충돌해도 안전하다고 한다. 하지만 연료 저 장조 주변에는 차폐 구역이 전혀 설치되어 있지 않다.

●연관 키워드

알파, 베타, 감마 | 원자력의 대안 | 원자 | 베크렐 | 생물 축적 | 체르노빌 | 구름 | 오염 | **냉각수** | **크레용** | 마리 퀴리 | 철거 | 분열 | 도시미터(선량계) | 원자력 사고 등급 | 전기 | 농축 | 3세대 원자로 | 피폭 | 핵 분열 | 후쿠시마 | 융해 | 가이거 계수기 | 4세대 원자로 | 온실 효과 | H가 필요한 사람들 | 히로시마 | 요오 드 | kWh(킬로와트시) | 라 아그 재처리 공장 | 의학 요법 | 버섯 | 자연 방사능 | **원자력 발전소** | 핵 | 오 펜하이머 | 원자력에 반대하는 사람들 | 플루토늄 | 환경오염 | 확산 | 방사선 방호 | 원자로 건물 | 시버트 | 소량 피폭 | 보관 | 공포의 균형 | 토카막 | 우라늄 | 유리화 | 폐기물 | 핵겨울 | 위험 제로

S 시버트
Sievert

마이크로시버트, 밀리베크렐, 퀴리, 라드, 그레이……. 방사능을 측정하는 단위는 굉장히 다양하다! 측정 방법이 여러 가지기 때문에 방사능과 관련한 정보를 이해하기가 더욱 어렵다. 이제까지 사용된 단위를 잠깐 다시 살펴볼까?

원자력 산업 근로자: 주 35분 근무

Sievert

방사능을 아이가 공을 던지는 것에 비유하면 베크렐은 던진 공의 수를 나타낸다. 그레이는 공을 받을 때의 충격 에너지를, 시버트는 공을 받은 사람의 손이나 머리에 나타난 최종 효과를 나타낸다!

시버트를 사용하는 경우에는 주로 1,000분의 1시버트인 밀리시버트, 100만 분의 1시버트인 마이크로시버트를 사용한다. 경우에 따라 특정한 사건이 일어났을 때 받은 총량을 측정하기도 하고, 피폭이 지속적이었을 경우 시간 단위로 받은 양을 측정하기도 한다. 시버트로 초당, 시간당, 연간 받은 양을 계산할 수 있다.

베크렐(Bq)	초당 핵분열 수. 퀴리를 대체하는 단위로 공기 1세제곱미터, 땅 1제곱미터, 샐러드 1킬로그램, 우유 1리터 안에 들어 있는 방사능 세기를 표시한다.
그레이(Gy)	일정 무게의 물질에 흡수된 에너지. 라드를 대체하는 단위로 원자력 치료 같은 강한 방사선을 조사(照射)하는 경우에 사용한다.
시버트(Sv)	방사선의 유형에 따른 위험성을 고려하는 단위. 그레이와 비슷하게 킬로그램 당 흡수된 에너지를 나타내지만, 오염 지역이 어느 정도 위험한지 평가하는 기준인 '유효 선량'을 알 수 있다.

우리 집 옆에서 2밀리시버트의 방사능을 측정했다면 어떻게 해야 할까? 이 정보는 사실 의미가 없다. 2밀리시버트가 한 해 동안 받는 양인지(그렇다면 보통의 자연 방사능 양에 해당한다) 하루에 받는 양인지(굉장히 많은 양으로 치명적일 수도 있다) 알 수 없기 때문이다.

몇 가지 유효 선량

파리에서 뉴욕까지 비행기를 타면 0.02밀리시버트, 폐 엑스선 사진을 찍으면 0.15밀리시버트, 엑스선 단층 촬영을 하면 9밀리시버트의 방사선에 노출된다. 담배 한 갑을 피우면 0.16밀리시버트에 노출되는데, 폴로늄210 때문이다. 이 원소는 음식이나 토양에도 존재한다.

50에서 100밀리시버트부터는 암 발생 위험 증가도를 측정할 수 있다. 그러나 같은 양의 방사선을 받았다 해도 얼마나 오랜 시간에 걸쳐 받았는가에 따라 위험도는 다르다. 걸린 시간이 짧을수록 더 위험하다. 단시간에 10시버트, 즉 1만 밀리시버트를 받으면 몇 주 뒤에 사망하게 된다.

●**연관 키워드**

알파, 베타, 감마 | 원자력의 대안 | 원자 | **베크렐** | 생물 축적 | 체르노빌 | 구름 | 오염 | 냉각수 | 크레용 | 마리 퀴리 | 철거 | 분열 | **도시미터(선량계)** | 원자력 사고 등급 | 전기 | 농축 | 3세대 원자로 | **피폭** | 핵분열 | 후쿠시마 | 융해 | **가이거 계수기** | 4세대 원자로 | 온실 효과 | H가 필요한 사람들 | 히로시마 | 요오드 | kWh(킬로와트시) | 라 아그 재처리 공장 | 의학 요법 | 버섯 | **자연 방사능** | 원자력 발전소 | 핵 | 오펜하이머 | 원자력에 반대하는 사람들 | 플루토늄 | 환경오염 | 확산 | 방사선 방호 | 원자로 건물 | 시버트 | 소량 피폭 | 보관 | 공포의 균형 | 토카막 | 우라늄 | 유리화 | 폐기물 | 핵겨울 | 위험 제로

소량 피폭

원자력 사고가 나면 강한 방사선 때문에 직접적인 피해자가 발생하기도 한다. 하지만 사고 장소와 떨어진 곳에 있어서 미량의 방사선을 쏘인 사람들은 어떻게 되는 걸까?

Small exposure

　방사능의 영향은 곧장 나타나지 않기 때문에 방사능과 건강의 인과 관계를 확인하기가 어렵다. 피폭된 다음 암을 진단받았을 경우, 피폭이 원인일 수도 있지만 다른 원인일 수도 있다. 여러 국제 기구는 1밀리시버트에 피폭될 때마다 10만 명당 평균 5명이 암으로 사망한다고 추정한다. 하지만 이 계산은 50~100밀리시버트를 초과하는 다량의 방사선에 노출될 경우에만 적용할 것을 권장한다. 따라서 소량의 방사선에 노출되었을 때 어떤 결과가 일어나는지에 대해서는 격렬한 논쟁이 벌어진다.

　원자력에 반대하는 사람들은 원자력 사고의 영향을 평가할 때 멀리 떨어져 있어서 방사능에 조금밖에 노출되지 않는 지역에도 같은 비율을 사용한다. 이를 인구 밀집 지역에 적용하면 아주

적은 양이라 해도 수십만 명의 잠재적 피해자를 추정할 수 있다. 심지어 소량의 방사능이 더 위험하다고 주장하는 사람들까지 있었다(하지만 이 주장은 전문가에 의해 폐기되었다).

어떤 전문가들은 일정량 이상 피폭되기 전까지는 방사능의 영향이 미미하다고 주장한다. 이들에 따르면 자연 방사능의 영향으로 지구상의 생물은 손상된 DNA를 자체적으로 회복하는 시스템을 갖추게 되었다고 한다. 따라서 소량의 피폭이 이 시스템을 자극하여 보호 효과를 얻을 수 있다고 가정한다. 하지만 '호르메시스'라고 부르는 이 현상은 증명되지 않았다.

피폭의 영향을 추정하는 것은 복잡한 작업이다. 노출 시간 역시 관계가 있기 때문이다. 1밀리시버트의 방사선을 1시간 동안 받은 결과와 1년 동안 받은 결과는 다르다. 어쨌든 일반인에게 허용 가능한 인공 피폭량은 연간 1밀리시버트로 정해져 있다. 하지만 후쿠시마 사고 이후 일본 정부는 이 기준을 20밀리시버트로 높였다. 그렇게 해야 피해 지역에서 대피시켜야 하는 주민의 수가 줄어들기 때문이다!

●**연관 키워드**

보관

Storage

원자력 산업에서 발생하는 폐기물은 확실한 장소에 보관되어야 한다.
일반인들과 멀리 떨어져 있고, 도난당할 염려가 적으며, 환경을 오염시
킬 위험이 없는 장소 말이다.

Storage

원자력 발전에서 나오는 폐기물은 일단 발전소 근처의 냉각 수조나 창고에 보관한다. 그렇게 해서 폐기물의 방사능이 일부 사라진 다음에는 최종적으로 보관할 장소를 찾아야 한다. 만약 폐기물을 땅 위에 보관하려면 굉장히 오랫동안(몇 세기 동안!) 효과적으로 작동하는 감시 체계를 마련해야 한다.

그래서 사람들은 다른 해결책을 생각해 냈다. 바로 '지중 처분', 즉 땅속 깊이 묻는 방법이다. 폐기물을 땅속에 보관하려면 만에 하나라도 지하수가 오염되지 않도록 물이 스며들지 않는 암반이 있는 곳이어야 한다. 석회암이나 화강암은 균열이 너무 많고 모래는 구멍이 많다. 점토나 소금 광산이 적합할 수 있지만 지진이 일어나는 지역은 피해야 한다.

수천 톤의 방사성 물질 위에서 생활하고 싶은 사람은 별로 없을 것이다. 제아무리 견고한 장벽에 둘러싸여 있다고 해도 말이다. 그러다 보니 원자력 폐기물 처리장을 건설할 때는 지질학적 조건과 사회적 조건을 동시에 만족시키는 장소를 찾는 데 많은 어려움을 겪는다.

현재 핵연료 폐기물 저장 기술 분야에서는 핀란드와 스웨덴이 선두에 있다. 핀란드의 경우 민간기업 포시바가 방사성 폐기물

저장소를 운영하고 있으며 스웨덴은 4개 주요 전력 회사가 공동으로 설립한 중간저장시설 클랩(CLAB, Central Interim Storage for Spent Fuel)이 운영한다. 한국에서는 한국 원자력 환경공단에서 폐기물을 보관한다. 이러한 기관들은 방사성 폐기물을 100~300미터 깊이의 동굴에 보관하는데, 폐기물은 대충 파묻는 것이 아니라 통에 넣어 세심하게 정리해 둔다. 그래야 폐기물을 완전히 제거할 수 있을 만큼 기술이 발전했을 때 도로 꺼낼 수 있기 때문이다. 따라서 보관 시설은 적어도 한 세기 동안은 폐기물을 회수할 수 있게 만들어야 한다. 또한 시설이 방치되더라도 견고하게 유지되어야 한다.

폐기물을 보관하는 비용은 수조 원에 육박한다. 이 비용은 보관실의 깊이뿐만 아니라 밀폐 및 감시 시스템의 복잡성에 따라서도 달라진다.

천 년의 기억

지하에 묻힌 폐기물은 얼마나 오랫동안 우리의 기억에 남아 있게 될까? 수십 년만 지나도 오래된 공업 시설이 흔적조차 없이 사라지는데 50년 뒤에 사회가 어떤 상태일지 누가 예측할 수 있을까? 우리 후손들이 어쩌다가 방사성 폐기물 보관 시설에 구멍을 뚫기라도 한다면 끔찍한 오염 사태가 벌어질 것이다.

현재 사용을 마친 핵연료의 대부분은 미래에 4세대 원자로에서 사용되리라는 가정 하에 보존되어 있다. 만약 그날이 오지 않는다면 이 연료도 폐기물이 될 것이다. 그렇게 되면 그 폐기물을 최종적으로 보관할 장소를 찾아야 할 텐데, 어떤 방법으로 보관해야 하고 비용은 또 얼마나 들까?

공포의 균형

20세기 들어 '공포의 균형'이라는 흥미로운 용어가 생겨났다. 이 전략에 따르면 핵무기를 이용한 공격에는 역시 핵무기 반격이 뒤따르기 때문에 전쟁이 확산되면 결국 공격을 주고받은 두 나라 모두 황폐해지고 만다. 달리 말해 여러 나라가 핵무기를 소유하고 있을 경우, 실제로 핵무기를 사용할 수는 없다는 뜻이다.

Terror

핵전쟁이 일어난다면 인류는 멸망할 것이다. 이 때문에 수소 폭탄은 전쟁에서 오직 마지막 수단으로 쓰일 무기로 여겨졌다.

공포의 균형 전략을 지지하는 사람들은 이러한 전략으로 핵전쟁을 피할 수 있다고 주장한다. 실제로 냉전 기간, 즉 미국과 소련이라는 두 핵 강대국이 적대하던 기간 동안 핵무기가 동원된 제3차 세계 대전이 발발하지는 않았다. 프랑스와 영국도 이 전략을 지지했다. 소련보다 훨씬 힘이 약한 나라들이 핵무기를 보유하고 있으면 대치 중인 두 나라 사이에서 힘의 균형이 깨지더라도 더 강한 나라가 마음대로 힘을 휘두를 수 없을 것이다. 이것이 바로 '강자에 대한 약자의 억제력'이다.

그러나 공포의 균형 전략은 이제 별로 유효하지 않다. 세계 각국이 '균형'에서 벗어날 방법을 모색하고 있기 때문이다. 종말을 부르는 대학살을 일으키지 않고도 전장에서 사용할 수 있을 만큼 위력이 약한 핵무기를 개발하기도 하고, 핵무기가 영토에 영향을 미치기 전에 미리 탐지해서 파괴하는 방어 시스템을 구축하기도 한다.

핵무기 감축 협정들이 체결되고 동구권, 즉 공산 국가와 소련이 사라지며 냉전은 끝났다. 이에 따라 제3차 세계 대전의 위협도 조금 멀어졌다. 그러나 전쟁은 완전히 끝나지 않았다. 국지적 성격이 강해졌지만 여전히 전쟁으로 수많은 사람이 목숨을 잃는다. 게다가 핵무기를 보유한 국가가 증가하면서 새로운 위협이 생겨났다. 테러리스트나 세계에 혼란을 일으키려는 어느 국가가 폭탄을 비이성적으로 사용할지도 모른다. '광기에 대한 강자의 억제력'은 핵무기 유지를 정당화하는 근거가 될 뿐, 결국 핵전쟁의 위협은 사라지지 않았다.

●연관 키워드

알파, 베타, 감마 | 원자력의 대안 | 원자 | 베크렐 | 생물 축적 | 체르노빌 | 구름 | 오염 | 냉각수 | 크레용 | 마리 퀴리 | 철거 | 분열 | 도시미터(선량계) | 원자력 사고 등급 | 전기 | 농축 | 3세대 원자로 | 피폭 | 핵분열 | 후쿠시마 | 융해 | 가이거 계수기 | 4세대 원자로 | 온실 효과 | **H가 필요한 사람들** | **히로시마** | 요오드 | kWh(킬로와트시) | 라 아그 재처리 공장 | 의학 요법 | 버섯 | 자연 방사능 | 원자력 발전소 | 핵 | **오펜하이머** | 원자력에 반대하는 사람들 | **플루토늄** | 환경오염 | **확산** | 방사선 방호 | 원자로 건물 | 시버트 | 소량 피폭 | 보관 | 공포의 균형 | 토카막 | 우라늄 | 유리화 | 폐기물 | **핵겨울** | 위험 제로

토카막

분열과 융합은 원자핵 물리학과 관련된 두 가지 현상이다. 핵분열은 원자 폭탄이나 원자로 제작을 통해 군사 및 민간 분야에 적용되었다. 한편 핵융합은 너무나 강력한 에너지를 발산하기 때문에 지금으로서는 수소 폭탄이라는 대량 파괴 무기를 만드는 데만 활용된다.

Tokamak

반세기도 더 전부터 물리학자와 기술자들은 핵융합 반응을 통제하여 그 에너지를 모아 보려 시도해 왔다. 이것이 바로 국제 핵융합 실험로 프로젝트다.

태양 중심부에서 일어나는 열핵융합을 재구성하기 위해서는 자연 그대로의 수소가 아니라 방사성 중수소와 삼중수소라는 수소의 동위 원소를 사용해야 한다. 이 기체들을 '토카막'이라고 하는 밀폐 공간에 가두고 온도를 수백만 도로 올린다. 토카막(Tokamak)은 러시아어 'тороидальная камерасма гнитными катушками'의 첫 글자를 따서 만든 말로, '코일 자석이 부착된 도넛 모양 공간'이라는 뜻이다.

토카막에서 온도가 높아진 기체를 '플라스마'라고 부르는데, 대단히 강력한 자석 안에 플라스마를 가두고 핵융합을 유발한다. 중수소와 삼중수소의 핵융합 반응을 유발하기 위해서는 어마어마한 에너지가 필요하지만, 핵융합 현상은 그보다 훨씬 더 큰 에너지를 방출한다.

수소는 매우 풍부하기 때문에 핵융합 발전에 사용할 수 있는 에너지원은 무한하다고 볼 수 있다. 또한 방사성 폐기물도 거의 생성되지 않는다. 그러나 이 장치를 만드는 데 사용되는 물질은

대단히 강력한 방사선과 어마어마한 온도에 견딜 수 있어야 한
다. 하지만 지금은 이런 물질이 존재하지 않는다.

1960년경에는 50년쯤 지나면 핵융합 발전에 성공할 거라고
생각했다. 현재 50년이 흘렀지만 전문가들은 지금부터 50년은
더 지나야 핵융합을 통제할 수 있을 것이라고 한다.

핵융합 발전은 아직도 실험 단계에 있다. 하지만 실험에 성공
해 핵융합을 자유자재로 다룰 수 있게 된다고 해서 문제가 끝나
는 것은 아니다. 원자로를 건설하는 문제가 남아 있기 때문이다.

이 분야를 연구하는 데는 비용이 굉장히 많이 들기 때문에 가능한 한 빨리 포기하는 편이 낫다고 생각하는 사람도 있다. 실제로 핵융합 에너지가 석유와 우라늄 부족 위기에 처한 인류를 구제할 수 있을지는 아직 미지수다.

우라늄

우라늄은 광석 내에 흔히 존재하는 화학 원소지만 함유량은 매우 낮다. 바닷물에도 미량 존재한다.

우라늄238이 우라늄235를 찾아가서

Uranium

천연 우라늄은 대부분 반감기가 무척 긴 우라늄238이다. 우라늄238의 반감기는 45억 년이다! 반감기가 7억 년인 우라늄235도 존재한다. 우라늄235는 핵분열을 일으키는 유일한 자연 원소지만 전체 우라늄 중 0.7퍼센트밖에 없다.

원자로에서는 우라늄의 핵분열이 일어날 때 방출되는 많은 양의 열에너지를 활용하여 전기를 생산한다. 주요 우라늄 광산은 오스트레일리아, 카자흐스탄, 캐나다, 러시아에 있다. 하지만 광산에서 캐낸 피치블렌드, 즉 우라늄 광석에 함유된 우라늄

에너지 자급

원자력 산업을 유지해야 하는 이유로 에너지 자급 문제가 있다. 원자력이 있어야 에너지 공급을 외국에 덜 의존할 수 있다는 것이다. 공식적 계산에 따르면 원자력 발전으로 생산되는 전기는 국내에서 생산되는 것이기 때문에 국산 전기로 간주된다. 하지만 사실 우라늄은 외국에서 수입한다. 한국에도 우라늄이 약간 매장되어 있지만 활용하기에는 수익성이 없다. 따라서 원자력 발전이 에너지 자급 문제를 해결하는 것은 아니다.

은 아주 적다. 따라서 광석은 우선 우라늄 비율이 약 75퍼센트에 달하는 '옐로 케이크(Yellow Cake)' 상태로 변환된다. 정제된 광석이 노란색이어서 이렇게 부른다. 그 뒤 옐로 케이크는 각 소비국으로 수출되어 정제된다. 하지만 원자로에서 사용하려면 동위원소인 우라늄235를 더 농축해야 한다.

옐로 케이크 상태의 우라늄에서 우라늄235의 비율을 더 높이려면 육플루오린화우라늄이라는 기체로 만들어야 한다. 농축공장에서는 육플루오린화우라늄에서 우라늄238과 우라늄235를 분리하는 작업을 한다. 이렇게 해서 만들어진 우라늄235를 핵연료로 사용하는 것이다. 우라늄 연간 소비량은 약 6만 톤에 달한다. 매장량은 약 500만 톤으로 알려져 있다.

Vitrification

유리화

방사성 폐기물은 원자력 산업이 해결해야 할 중요한 문제다. 다 쓴 핵연료는 지상에 놓아두었다가 지하 깊은 곳에 보관한다. 이때 폐기물을 방수 상자에 넣어 밀봉해야한다. 물이 땅속으로 스며들더라도 포장이 파손되지 않아서 방사성 원소가 외부로 새어나갈 염려가 없는 상자 말이다.

Vitrification

원자력 산업에서 나오는 폐기물을 처리하려면 폐기물의 방사성이 약해질 때까지 버틸 수 있는 밀폐 재료를 찾아야 한다. 그러나 대부분의 폐기물은 반감기가 무척 길어서 오랫동안 강한 방사선이 나온다. 조금씩 방사능을 잃기야 하겠지만 천연 우라늄 수준까지 떨어지려면 수십만 년은 걸릴 것이다!

지금 단계에서 채택된 해결책은 원자력 폐기물을 '유리화'하는 것이다. 유리화란 붕소가 풍부해서 방사능에 견딜 수 있는 특수 유리에 폐기물을 혼합하는 것이다. 대략 유리 400킬로그램에 폐기물 11킬로그램을 혼합한다. 그리고 혼합물의 온도를 약 1,100도까지 올린 다음 강철 컨테이너에 흘려 넣는다. 이 컨테이너는 폐기물의 방사능과 거기서 나오는 열을 견딜 수 있어야 한다. 현재 원자력 산업에서는 폐기물을 지중 처분할 장소를 준비하고 있다.

● **연관 키워드**

알파, 베타, 감마 | 원자력의 대안 | 원자 | 베크렐 | 생물 축적 | 체르노빌 | 구름 | 오염 | 냉각수 | 크레용 | 마리 퀴리 | 철거 | 분열 | 도시미터(선량계) | 원자력 사고 등급 | 전기 | 농축 | 3세대 원자로 | 피폭 | 핵분열 | 후쿠시마 | 융해 | 가이거 계수기 | 4세대 원자로 | 온실 효과 | H가 필요한 사람들 | 히로시마 | 요오드 | kWh(킬로와트시) | **라 아그 재처리 공장** | 의학 요법 | 버섯 | 자연 방사능 | 원자력 발전소 | 핵 | 오펜하이머 | 원자력에 반대하는 사람들 | 플루토늄 | 환경오염 | 확산 | 방사선 방호 | 원자로 건물 | 시버트 | 소량 피폭 | **보관** | 공포의 균형 | 토카막 | 우라늄 | 유리화 | **폐기물** | 핵겨울 | 위험 제로

폐기물

N Waste

폐기물은 보통 다시 사용할 수 없어서 버리거나 부숴 없앤다! 하지만 방사성 폐기물의 경우에는 아무 데나 내버려 둘 수 없다. 게다가 소각한다 해도 방사능을 제거할 수 없다.

Waste

원자력 산업은 여러 가지 방사성 폐기물을 만든다. 예를 들어 사용이 끝난 연료나 발전소 가동 시에 오염된 물질, 가동을 정지한 발전소를 철거할 때 나오는 물질 등이 있다.

방사성 폐기물을 만드는 것은 원자력 발전뿐만이 아니다. 다른 분야에서 사용된 방사성 폐기물 역시 고려해야 한다. 군사 핵 폐기물과 공업 폐기물, 과학 연구소나 병원에서 나오는 폐기물 말이다.

1960년대에는 이 문제를 별로 복잡하게 생각하지 않았다. 폐기물을 그냥 바닷속에 묻어 버렸다! 하지만 얼마 지나지 않아 이 해결책이라는 것이 환경에 굉장히 위험하다는 사실이 밝혀졌다.

방사성 폐기물은 방사능 세기에 따라 분류한다. 이 기준에 따르면 2007년 반감기가 짧은 '중저준위 폐기물'은 부피가 79만 세제곱미터로 전체 폐기물의 69퍼센트를 차지하고 있지만 방사능의 양은 0.03퍼센트밖에 되지 않는다. 반면 '고준위 폐기물'은 2,300세제곱미터로 부피는 전체의 0.2퍼센트지만 방사능은 전체의 96퍼센트에 이른다.

현재는 방사성 폐기물을 임시로 수조나 야외에 보관한다. 그

동안 반감기가 짧은 원소는 대부분 핵분열로 사라진다. 하지만 다른 원소들은 여전히 남아 있다. 특히 사용이 끝난 연료의 경우 오랫동안 강력한 방사능을 띤다. 게다가 천연 우라늄 수준까지 방사능이 떨어지려면 20만 년이 걸린다!

따라서 폐기물을 장기적으로 보관할 수 있는 다른 방법, 그 중에서도 방사능이 사라질 때까지 안전하게 지하에 보관하는 방법을 고려해야 한다. 4세대 원자로 안에서 방사성 원소의 변형을 촉진하여 안정적인 원소로 변환하는 방법도 있다. 하지만 이 기술이 실용화되려면 아직 멀었다.

따라서 새로운 원자력 발전 기술을 발명하기보다 방사성 폐기물을 처리하는 기술을 발명하는 것이 훨씬 중요하다. 원자력 발전을 계속하는 한 폐기물은 나올 수밖에 없다. 게다가 원자력 발

가짜 폐기물?

사용한 연료 일부를 재처리해서 다시 원자로에 사용하는 경우도 있다. 이때 사용된 연료는 폐기물로 간주되지 않는다. 따라서 재처리는 원자력 산업의 폐기물을 95퍼센트를 줄여 준다. 이렇게 원자로를 두 번 거친 연료는 사실상 더는 사용할 수 없다. 하지만 사용 대기 중인 상태로 보관된다. 4세대 원자로에서 연료로 사용될 수 있을지도 모르기 때문이다. 공식적으로 이 연료는 폐기물이 아니지만 실제로는 다시 사용할 수 있을지, 과연 그런 날이 오기는 할지 아무도 모른다!

전을 포기하고 폐기물을 만들지 않기로 하더라도 과거에 생성
된 폐기물이 지금 이 시간에도 방사능을 내뿜고 있다.

핵겨울

핵겨울은 핵전쟁이 불러일으킬 전 지구적 기온 변화를 말한다. 전문가들은 6,500만 년 전 공룡을 멸종시킨 운석 충돌로 인한 빙하기와 비슷할 거라고 한다!

Winter

제2차 세계 대전이 끝난 뒤부터 1980년대 말까지 미국과 소련은 냉전 상태에서 서로 대치했다. 베트남 전쟁 같은 분쟁에서 간접적으로 전투를 벌이기는 했지만 두 세력 사이에는 어떠한 전면전도 일어나지 않았다. 하지만 제3차 세계 대전이 일어날 위기가 몇 차례 있었고 핵무기가 사용될 수도 있었다. 그래서 두 나라의 일부 정치가와 군인들은 전쟁이 일어나면 새로운 세계 질서가 세워질 것이라고 생각했다.

하지만 미국, 소련, 영국을 비롯한 40여 개 국가는 1968년 '핵확산 방지 조약'에 서명했다. 앞의 세 국가는 핵무장을 해제하고 핵에너지를 평화적으로 이용하겠다고 약속했다. 다른 국가도 핵무기를 갖추기 위한 노력을 하지 않기로 선언했다.

이러한 결정에는 몇 가지 요인이 작용했다. 소련의 정치적 변화, 냉전의 경제적 비용 등도 영향을 주었지만 핵전쟁이 어떤 결과를 불러올지 인식한 것도 중요한 요인이었다. 실제로 핵전쟁이 일어나면 전 세계가 '핵겨울'에 빠져들 것이다. 핵겨울은 승자마저도 거의 모든 것을 잃게 될 끔찍한 재난이다. 어떤 연구자들에 따르면 연이은 핵폭발로 화재가 발생하면 연기와 먼지의 산이 막을 이루어 몇 년 동안 태양빛을 상당 부분 차단할 수 있다고 한다. 그렇게 되면 전 지구의 기온이 떨어지고 빛이 부족해져 식물 일부가 멸종할 것이다.

1960년경 제기된 핵겨울 설은 강력한 비판을 받았다. 하지만 2007년 시뮬레이션을 통해 전쟁이 일어날 경우 백여 개의 폭탄만 터져도 절망적인 결과가 따를 것이라는 사실이 확실해졌다. 세계적으로 핵전쟁이 일어나면 평균 기온이 마지막 빙하기보다도 현저히 떨어질 것이라고 한다. 몇 년 동안 온도가 7~8도 낮아지고 북반구에는 오랫동안 건기가 이어질 것이다. 결국 농작물을 모조리 망치게 되어 생존자들에게 필요한 식량이 사라지고 핵전쟁의 승리자는 아무도 없을 것이다.

제3차 세계 대전에서 어떤 무기를 사용하게 될지는 모른다. 하지만 제4차 세계 대전에서는 화살과 돌도끼를 써야 할 것이다!
— 알베르트 아인슈타인

● **연관 키워드**

알파, 베타, 감마 | 원자력의 대안 | 원자 | 베크렐 | 생물 축적 | 체르노빌 | 구름 | 오염 | 냉각수 | 크레용 | 마리 퀴리 | 철거 | 분열 | 도시미터(선량계) | 원자력 사고 등급 | 전기 | 농축 | 3세대 원자로 | 피폭 | 핵분열 | 후쿠시마 | 융해 | 가이거 계수기 | 4세대 원자로 | 온실 효과 | **H가 필요한 사람들** | **히로시마** | 요오드 | kWh(킬로와트시) | 라 아그 재처리 공장 | 의학 요법 | **버섯** | 자연 방사능 | 원자력 발전소 | 핵 | **오펜하이머** | 원자력에 반대하는 사람들 | 플루토늄 | 환경오염 | 확산 | 방사선 방호 | 원자로 건물 | 시버트 | 소량 피폭 | 보관 | **공포의 균형** | 토카막 | 우라늄 | 유리화 | 폐기물 | 핵겨울 | 위험 제로

위험 제로

위험 요소가 전혀 없는 인간 활동은 아무것도 없다! 운동을 하든, 차를 운전하든, 길을 건너든, 담배를 피든, 간식을 먹든, 침대에서 쉬든, 무엇을 해도 위험을 만날 가능성이 있다.

Zero

매번 의식하고 있지는 않더라도 우리는 항상 위험을 검토하고 평가한다. 물론 기대되는 이익에 따라서 말이다. 하지만 경제적 이익과 안전 문제가 충돌하면 상황은 조금 모호해진다.

원자력 산업도 마찬가지다. 기술자들은 원자력 발전소에서 일어날 수 있는 다양한 사건을 고려하여 안전성을 평가한다. 어떤 사건이 일어날 확률을 추정한 다음 사고로 이어질 가능성을 계산하는 것이다. 이렇게 나온 위험 정도를 원전에서 전기를 생산했을 때 얻을 수 있는 사회적, 재정적 이점과 비교한다.

발전소에서 사고가 나면 많은 사람들이 고통을 겪게 된다. 하지만 사고가 일어날 가능성이 있더라도 원자력 산업의 경제적 이점 때문에 발전소 건설을 포기하지 않는 경우가 대부분이다.

원자력 산업 초기의 안전 설비는 원자로 하나에서 노심 용해와 방사성 원소의 외부 유출 등 대형 사고가 일어날 확률이 연간 100만 분의 1 이하가 되도록 설계되었다. 원자로 50기를 기준으로 2만 년에 한 번 이상이 생기는 꼴이다. EPR은 원칙적으로 1,000만 년에 한 번 사고가 발생할 위험이 있다는 추정 하에 구상되었다!

이러한 분석을 들으면 꽤 안심이 된다. 그렇지만 이 계산대로라면 체르노빌과 후쿠시마 원전 사고는 대체 어떻게 일어난 걸까?

2011년, 세계 원자력 산업계는 1만 4,000원자로-년의 가동 경험을 쌓았다. 이는 원자로 1기가 평균 31년 가동된다고 보았을 때 전 세계에 있는 원자로 450기가 다 합해서 얼마나 가동되었는지 계산한 수치다. 계산해 보면 그동안 심각한 사고가 발생했을 확률은 1.4퍼센트다. 확률은 매우 낮지만 실제로는 두 건이나 사고가 일어났으니 예상보다 140배나 더 많이 발생한 것이다!

만약 원자력 산업이 발전하여 세계적으로 원자로가 1,000기 가동된다면 10년에 한 번씩 중대한 사고가 발생할 수도 있다. 이러한 수치는 사실 의미가 없다. 지진이나 테러, 발전소 직원의

촛불

"원자력에 반대한다는 건 다시 촛불을 사용하겠다는 뜻이다!" 이 경멸적인 발언은 맹목적인 원자력 산업 지지자들이 드러내는 악의의 상징이 되었다. 하지만 원자력 산업에서 촛불은 단순한 상징이 아니다. 1975년 미국 브라운 페리 원자력 발전소에서 한 노동자가 케이블 피복 안의 공기 압력을 확인하기 위해 촛불을 사용했다. 그러다 불이 나서 노심 냉각 장치가 망가졌다. 다행히 다른 원자로 회로 덕분에 냉각을 유지할 수 있었지만 촛불 하나가 재앙을 불러일으킬 수 있다고는 아무도 생각하지 못했을 것이다. 그러니 사고 확률을 계산해 보았자 헛일이다. 그런다고 사고가 일어나는 걸 막을 수는 없으니까!

실수 등 원자력 발전소에 사고를 일으킬 요인들은 갑자기 발생하고 대부분 막을 수 없기 때문이다. 위험 제로까지는 갈 길이 멀다.

● 연관 키워드

알파, 베타, 감마 | **원자력의 대안** | 원자 | 베크렐 | 생물 축적 | 체르노빌 | 구름 | 오염 | 냉각수 | 크레용 | 마리 퀴리 | 철거 | 분열 | 도시미터(선량계) | 원자력 사고 등급 | 전기 | 농축 | 3세대 원자로 | 피폭 | 핵 분열 | 후쿠시마 | 융해 | 가이거 계수기 | 4세대 원자로 | 온실 효과 | H가 필요한 사람들 | 히로시마 | 요오드 | kWh(킬로와트시) | 라 아그 재처리 공장 | 의학 요법 | 버섯 | 자연 방사능 | 원자력 발전소 | 핵 | 오펜하이머 | **원자력에 반대하는 사람들** | 플루토늄 | 환경오염 | 확산 | 방사선 방호 | 원자로 건물 | 시버트 | 소량 피폭 | 보관 | 공포의 균형 | 토카막 | 우라늄 | 유리화 | 폐기물 | 핵겨울 | 위험 제로

퀴즈

각 문제에는 답이 여러 가지 있을 수 있다. 정답은 1점 답을 모를 때는 0점, 틀리면 2점을 빼자. 공정하게 채점해야 한다. 원자력에 관해서는 아주 작은 실수도 큰 대가를 치르게 되니까!

01 A 폭탄은?

① 원자(Atomic) 폭탄이다.
② 천체(Astronomic) 폭탄이다.
③ 외계인 퇴치(Anti-aliens) 폭탄이다.
④ 적절한(Appropriate) 폭탄이다.

02 연료봉은?

① 어둠 속에서 글을 쓸 수 있게 해 준다.
② 무게가 약 2킬로그램이다.
③ 우라늄이나 혼합 핵연료를 담고 있다.
④ 심이 플루토늄으로 되어 있다.

03 임계량은?

① 후쿠시마 원전 사고에 대해 네티즌들이 인터넷에 쓴 글을 말한다.
② 연쇄 핵 반응을 촉발하기 위해 필요한 방사성 연료의 최소량을 말한다.
③ 법적으로 정해진 원자력 발전소를 지을 수 있는 최대 개수다.
④ 1945년 이후 축적된 핵 폐기물 총량을 말한다.

04 양성자는?

① 원자력 발전소 관리자를 뜻한다.
② 원자력 산업 지지자를 말한다.
③ 원자핵을 이루는 요소 중 하나다.
④ 차폐 구역의 덮개를 가리킨다.

05 '차이나 신드롬'은?

① 방사능 때문에 걸리는 아주 위험한 독감이다.
② 원자로의 노심이 용해되어 지하로 파고드는 현상이다.
③ 중국의 에너지 정책을 가리킨다.
④ 제인 폰다, 잭 레먼, 마이클 더글러스 주연의 1979년 작 미국 영화다.

06 알파, 베타, 감마는?

① 그리스어 알파벳 글자다.
② 최초로 지어진 원자력 발전소들의 별명이다.
③ 각각 다른 형태의 방사선을 가리킨다.
④ 프랑스 핵탄두를 발사하는 데 필요한 암호 세 가지다.

07 체르노빌 사고는?

① 도시 전설이다.
② 우크라이나에서 발생했다.
③ 1945년에 일어났다.
④ 1986년에 일어났다.

08 '4세대'라는 표현과 관련 있는 것은?

① 인터넷 4.0
② 후쿠시마에서 바다에 방사성 폐수를 버린 뒤 나타난 돌연변이 물고기
③ 21세기의 핵 물리학자들
④ 현재 사용되는 원자로를 대체할 것으로 예상되는 원자로

09 원자력의 세계에서 농축이란 용어가 적용되는 것은?

① 발전소 건설을 맡은 기업
② 발전소 운영을 맡은 기업
③ 발전소를 통해 이득을 보는 공동체
④ 연료로 사용하기 위해 준비된 우라늄

10 다음 물리학자들 중 이름이 방사능을 측정하는 단위로 사용되는 사람은?

① 뉴턴
② 베크렐
③ 아인슈타인
④ 오펜하이머

11 토카막이란?

① 코일 자석이 부착된 도넛 모양 공간
② 자기 양자 코어
③ 4세대 원자로 모델 중 하나
④ 핵융합 실험을 하는 데 쓰이는 장치

12 자연 방사능은?

① 존재하지 않는다.
② 지역에 따라 다르다.
③ 생물에 영향을 미치지 않는다.
④ 핵연료의 방사능과는 성질이 다르다.

13 원자로의 냉각 수조란?

① 발전소를 청소한 뒤 방사능을 띠게 된 물을 모아 두는 탱크다.
② 냉각 회로의 물이 순환하는 탱크다.
③ 사용하고 난 핵연료를 임시로 보관하는 수조다.
④ 발전소 직원들을 위해 만든 커다란 욕탕이다.

14 핵분열이란?

① 원자의 핵이 더 작은 핵 2개로 나뉘는 것을 말한다.
② 원자로 노심이 과도하게 가열되었을 경우 차폐 구역의 콘크리트 벽에 생기는 균열이다.
③ 중성자의 충격에 영향을 받은 핵이 F 입자를 방출하는 현상이다.
④ 원자력 산업과 반핵 운동 사이의 대립을 뜻한다.

정답

1. ① 2. ③ 3. ④ 4. ③ 5. ②, ④ 6. ①, ③ 7. ②, ④ 8. ④ 9. ④ 10. ② 11. ①, ④ 12. ② 13. ③ 14. ①

-28~-10점
원자로에서 멀리 떨어져 줘, 제발!

-10~0점
호머 심슨 수준의 원자력 기술자가 될 수 있을 듯

0~14점
장래 희망으로 원자로 설계자나 반핵 운동 지도자를 선택해도 되겠다.

원자력 산업, On? Off?

　민간 원자력 산업 지지자들의 관점에서, 원자력은 갈수록 증가하는 에너지 수요에 대해 효율적인 해답을 제시한다. 그러나 원자력 산업은 막대한 투자를 전제로 하기 때문에 우리 사회는 현재의 발전소를 새로운 것으로 교체하는 데만 수십 년을 쏟아부어야 할 것이다. 따라서 이 선택의 타당성에 대해 민주적인 토론이 필요하다. 우라늄 광석 채굴에서 발전소의 해체까지 원자력 산업에 드는 실제 비용을 고려하고, 폐기물 문제도 해결해 나가야 한다. 안전성의 문제도 잊어서는 안 된다. 우리나라에서 아직 중대한 사고가 한 번도 일어나지 않았다는 사실에 만족할 수는 없다. 항상 근본적인 질문을 잊지 말아야 한다. 에너지 소비가 한없이 늘어나도록 내버려 두는 것이 바람직할까? 아니 가능한 일이기는 할까?

　따라서 우리는 토론의 장을 넓혀야만 한다. 현재 원자력 분야 개발은 두 가지 조건이 만족되어야만 수익성이 있다. 전 세계에 발전소가 건설되는 것과 4세대 원자로 계획이 성공하는 것이다. 첫 번째 조건은 핵무기가 확산될 위험이 높아진다는 문제가 생긴다. 두 번째 조건은 막대한 양의 플루토늄을 사용하기 때문에 체르노빌이나 후쿠시마에서 일어난 것보다 훨씬 더 심각한 사고가 일어날 가능성을 고려해야 한다. 우리의 미래를 생각하면 이 두 가지 측면은 당연히 불안감을 불러일으킨다. 우리 사회는 원자력을 해답으로 선택하기 전에 이 점에 대해 현실적으로 토론해야만 한다.

청소년 지식수다 1

원자력이 아니면 촛불을 켜야 할까?

장바티스트 드 파나피외 지음 | 배형은 옮김 | 곽영직 감수

1판 1쇄 2014년 4월 30일 | 1판 3쇄 2020년 8월 26일
펴낸이 조기룡 | 펴낸곳 내인생의책 | 등록번호 제10-2315호
주소 서울시 성동구 연무장5가길 7 현대테라스타워 E동 1403호
전화 (02)335-0449, 335-0445(편집) | 팩스 (02)6499-1165
전자우편 bookinmylife@naver.com | 카페 http://cafe.naver.com/thebookinmylife

LE NUCLEAIRE, POUR QUOI FAIRE?
BY J.B. de PANAFIEU & Julien REVENU
Copyright ⓒ GULF STREAM EDITEUR (Saint-Herblain), 2012
Korean translation copyright ⓒ TheBookinMyLife Publishing Co. Ltd., 2014
All rights reserved.
This Korean edition was published by arrangement with
GULF STREAM EDITEUR (Saint-Herblain)
through Bestun Korea Agency Co., Seoul

이 책의 한국어판 저작권은 베스툰 코리아 에이전시를 통해
저작권자와의 독점계약으로 도서출판 **내인생의책**에 있습니다.
저작권법에 의해 한국 내에서 보호를 받는 저작물이므로 무단전재와 무단복제를 금합니다.

ISBN 978-89-97980-92-5 44300
ISBN 978-89-97980-93-2 44300(세트)

이 도서의 국립중앙도서관 출판시도서목록(CIP)은 서지정보유통지원시스템 홈페이지(http://seoji.nl.go.kr)와
국가자료공동목록시스템(http://www.nl.go.kr/kolisnet)에서 이용하실 수 있습니다.(CIP제어번호: CIP2014009428)
책값은 뒤표지에 있습니다. 잘못된 책은 구입처에서 바꾸어 드립니다.